AVEC SA VALISE, DE CHANTIER EN CHANTIER

*Histoire de Philippe PLANTEVIN
Prêtre-ouvrier de la Mission de France*

Franceline BÜRGEL

*Ce livre a été écrit à la demande et avec l'aide
de Serge Cavalieri, ami très proche de Philippe Plantevin.
Serge nous a quittés en juin 2019.*

*Franceline Bürgel, écrivaine publique biographe
06 20 52 86 79
franceline@burgel.com
Membre du réseau des* Biographes diplômés
Biographes.fr

Préface

Il est des menuisiers qui devinent l'escalier au pied d'un chêne : devant l'échelle, Philippe imagine déjà tout un peuple s'élever.

Il est des maçons qui voient dans la carrière de pierre, l'arche du pont qui enjambera la rivière : il scrute dans de rudes poignées de main la paix qui enjambe les frontières.

Il en est qui n'aperçoivent les étoiles qu'au plus sombre de nuits sans lune : en plein jour, Philippe voit poindre la lumière dans la nuit de jeunes perdus dans de sombres destins.

Doué d'une imagination fertile, cet Ardéchois a puisé dans les trésors familiaux de son enfance la source d'un regard à jamais lumineux et bienveillant. De sa besace, il tire les bons mots et les images ignorées de sages et de savants, pour se faire comprendre des plus petits !

Né le 1er mai 1936, cela ne s'invente pas dans ce parcours qui l'a conduit à devenir prêtre-ouvrier sur les chantiers. Il endossa sans peine le bonheur de suivre le Christ et son Évangile et le combat pour la paix, le pain et la liberté, slogan du Front populaire. Ce qu'il avait inscrit à douze ans à la pointe de son couteau sur un arbre devint charpente de son existence. Il sera prêtre.

Philippe a grandi dans cette vallée gorgée de ponts et de pierres qui descend depuis le col de la Chavade. Quand on a poussé avec de telles racines dans une terre pierreuse, on s'accroche à l'essentiel, on se cramponne à la fidélité qui, seule, sait créer de solides amitiés. À l'adolescence, la vie d'internat ne fut pas tout à fait un exil, mais l'apprentissage du nomadisme.

Sa valise, il ne la posera jamais bien longtemps.

Le service militaire et la guerre d'Algérie furent un drame incontournable pour sa génération. L'heure de la décolonisation et de la liberté pour les peuples avait sonné, ce qui ne se fit pas sans terreur ni confrontation à la mort violente. Dans le corps à corps des escarmouches, les jeunes regards se croisent sans être sûrs de se toiser. Trop tendres pour être vraiment ennemis ! « De leurs épées, ils forgeront des socs, et de leurs lances, des faucilles. Jamais Nation contre Nation ne lèvera l'épée ; ils n'apprendront plus la guerre », dit le prophète Michée. « Ils apprendront à devenir frères », ajoute Philippe. Respecter la vie, ne pas tuer, ni risquer la vie des autres, malgré la peur et le feu des armes.

Après la caserne, nouvel internat, celui du séminaire de la Mission de France à Pontigny dans l'Yonne, où l'on forme des prêtres-ouvriers. La théologie n'infuse pas seulement par la tête, mais remonte de la terre par les pieds et par les mains dans le cambouis. Il ne s'agit pas d'être prêtre à part ou en surplomb, mais levain dans la pâte et sel de la terre. Si Rome ne l'entend pas toujours de cette oreille, du côté des banlieues ouvrières, des foyers de travailleurs et des tronches à moustaches venus de toute la Méditerranée pour ferrailler et bétonner tout ce qui pousse, c'est la bonne surprise. Ces prêtres sont des leurs, terrassiers parmi les terrassiers, conducteur d'engins, électricien, maçon-coffreur, peintre, soudeur. Chacun fait partie d'une équipe où il partage en confiance le poids du jour et la joie de l'Action de grâce. Deux fois par an, l'atelier BTP réunit des prêtres plongés dans ce compagnonnage de plein vent pour la réflexion commune.

« Larguez les amarres, c'est quand disparaît le rivage que commence le grand large », chantaient les séminaristes sous les voûtes de l'abbatiale de Pontigny.

La cinquantaine en vue, Philippe et sa valise accostent sur les quais de Fos-sur-Mer, le grand port industriel de Marseille. Non pour y embarquer, mais pour accueillir les marins le temps d'une escale. Dans un port, tout est prévu pour accueillir les bateaux, les cargos et la marchandise, mais rien pour les marins. Un regard souriant, une main tendue, une bière bien fraîche et une carte de téléphone font plus que les grands discours. D'ailleurs personne ne parle la même langue. Mais chacun rêve de téléphoner à sa famille, d'avoir des nouvelles des lointains. Sous l'impulsion de Philippe, un foyer va naître à Port-de-Bouc, allumant chaque soir quelques braises de fraternité le temps d'un café, d'un billard ou d'une chanson. Dans la chapelle du foyer, des galets amassés au pied de l'autel portent la multitude des noms de cette humanité voguant sur toutes les mers du monde.

À la veille de ses 70 ans, Philippe reprend la valise direction Lyon. Il renoue avec les quartiers populaires, les cités, les amis jocistes devenus grands-parents. Entre deux coups de main à la paroisse, il circule au milieu de nulle part où de nouveaux paroissiens ont bricolé des cabanes de toile et de planche. Pour les familles de Roms, l'urgence se nomme eau, pain, vêtement et toit. Pour les enfants, la priorité, c'est l'école. Alors chaque matin, il conduit le pedibus scolaire.

Jeune prêtre, Philippe a perdu un œil sur le pont de Fourvière en construction, mais jamais le sourire. Toute sa vie, il a su regarder au-delà des apparences et jeter des ponts entre les peuples, les croyants et les générations.

Arnaud Favart
Vicaire général de la Mission de France de 2012 à 2019

*Tu connaîtras la justesse de ton chemin
à ce qu'il t'aura rendu heureux.*

Aristote

Thueyts, en Ardèche, le 1ᵉʳ mai 1936

Les cris d'un nouveau-né s'échappent de la chambre parentale des Plantevin. Dehors, il fait beau. Le parc exhale déjà les parfums de l'été qui s'annonce. Ce jour-là, même l'usine de tissage, toute proche, reste muette. En ce premier mai, le tumulte est ailleurs, dans les manifestations et dans les cafés des cités ouvrières. Là-bas, à deux pas de leurs machines, les travailleurs clament un slogan nouveau : « Paix, pain, liberté ». « Premier mai d'unité, premier mai grandiose ! » titre l'Humanité, saluant déjà la probable victoire du Front populaire. C'est la fête, jusque tard dans la nuit.

Je suis né le 1ᵉʳ mai 1936, ma mère a donc travaillé en ce grand jour de grève, en plein Front populaire ! La légende dit que c'est mon poing fermé qui sortit en premier, et je criais : « Liberté ! Unité ! » J'étais le plus jeune des manifestants.

Hélène serre dans ses bras son deuxième fils qu'elle prénomme du saint du jour, Philippe. La jeune femme se retrouve ici, dans ce village de la haute vallée de l'Ardèche, parce qu'elle a épousé trois ans plus tôt François Plantevin, industriel dans le textile, un descendant de Joseph, à la tête de plusieurs usines.

À la grande époque de la soierie lyonnaise, les monts d'Ardèche sont spécialisés dans le moulinage, procédé qui consiste à tordre sur eux-mêmes des fils de soie. Les entreprises utilisent la force motrice des rivières pour actionner leurs moulins. En 1926, Joseph Plantevin avait acheté le château et son parc à monsieur de Gigord, un éditeur parisien, qui venait de le mettre en vente.

On raconte que, profitant de ce changement de propriétaire, le curé du village avait confié ses inquiétudes à Joseph : « Toutes les filles s'en vont à Marseille ou à Lyon. Monsieur Plantevin, il faut créer une usine ici, pour éviter la mort de notre village. » Il était primordial de sauver ce chef-lieu de canton de 1 000 habitants, lieu de légendes, au pied du volcan Montpezat. Le curé s'était permis d'insister : « Je vous en prie, créez une usine à Thueyts. » Très pieux, Joseph avait répondu : « Mais bien sûr, monsieur le curé », et il s'exécuta. L'usine ouvrit en 1928.

Joseph Plantevin ayant financé la construction de l'usine, il la mit dans les mains de son plus jeune fils, François, en 1933. Rien ne prédisposait le jeune homme à cette vie. Après des études à l'École supérieure d'agriculture d'Aix-en-Provence puis à celle d'Angers, il avait fait ses premières armes de laboureur avec une charrue et un gros cheval de trait nommé Bijou. Mais une crise aiguë de rhumatisme articulaire lui ayant abîmé le cœur, il avait dû se résoudre à regagner l'univers familial et se fit apprenti dans le textile.

À Thueyts désormais, la sirène de l'usine de tissage répondait à l'angélus du clocher.

En ce premier mai donc, Philippe vient de rejoindre son frère Étienne, petit bonhomme d'à peine deux ans.

Les deux bambins grandissent auprès d'une mère aimante et dévouée. Après eux naîtront Françoise, Madeleine, puis Béatrice.

Hélène s'active. Une employée de maison la seconde, notamment au fourneau. Il y a de quoi s'occuper : éduquer, soigner les enfants, entretenir la demeure et tenir les comptes… Orpheline depuis l'âge de 18 ans, elle a déjà appris tout cela, puisqu'elle a élevé ses deux jeunes frères. Ses origines bourgeoises ne l'ont pas exemptée d'une vie difficile, mais son engagement aux Guides de France, branche féminine des scouts, lui a enseigné le courage.

François, lui, passe son temps dans son usine, toujours digne, avec sa chemise blanche et sa cravate noire que vient recouvrir un bleu de travail, un bleu de travailleur, de celui qui met les mains dans le cambouis. François connaît ses machines sur le bout des doigts.

En cette fin des années 1930, les adultes échangent sur les tensions du moment : la pression du bolchevisme, les menaces communistes, et la montée d'Hitler laissent présager une guerre.

François et Hélène ont gardé le souvenir des années angoissantes et difficiles de la guerre 14-18. Ils mesurent les efforts qu'ils devront fournir pour traverser cette nouvelle épreuve.

Dès l'entrée en guerre, François transforme une partie du parc en un jardin potager où poussent désormais topinambours et pommes de terre. Il met en œuvre ses connaissances agricoles, sous l'œil intéressé des paysans du village. Ces derniers découvrent le soja, une plante censée délivrer un ersatz de café, une fois torréfiée, ainsi que le pain de maïs.

On fait venir de Suisse, Blanchette, une chèvre qu'il faut aller chercher en gare de Lalevade, dans l'urgence, car elle a mordu le chef de gare ! Avec elle, des ruches, des lapins et des poules animent le parc. Le coq s'appelle Arthur et une des poules, Gertrude !

Malheureusement, Blanchette ne produit pas le lait escompté. Hélène prend son bâton pour obtenir dans les hameaux voisins, au prix de longues marches, les quelques litres dont ses enfants ont besoin.

Sac au dos, les deux garçons vont ramasser les châtaignes. En ce pays, on les mange à toutes les sauces : grillées, bouillies ou en purée, avec ou sans lait, en farine…

Ainsi, chaque jour, la guerre s'insinue comme une ombre posée sur toute chose, alourdit le poids des heures, sans véritablement montrer son visage.

À Thueyts, on ne voit guère l'occupant. Pourtant un matin, une délégation allemande pénètre dans la cour dans un brouhaha de moteurs pétaradants. Il faut ouvrir l'usine et laisser contrôler son contenu. François se plie à l'ordre, sans broncher. De quoi voudrait-on l'accuser ? De tisser de la toile de parachute ? Bredouilles, les Allemands font demi-tour, et, après coup, tout le monde raisonne sa peur.

Plusieurs amies lyonnaises, dont les maris sont entrés en résistance, ont trouvé refuge à Thueyts… Bonne-maman Caroline, la grand-mère d'Hélène est là également. Elle écoute Radio Londres sur un gros poste TSF, mais se plaint du brouillage des ondes. Les « sales Boches » comme elle les appelle, ne sont pas seuls responsables. Le jeune Fifi ajoute sa touche de perturbation en frottant l'antenne avec une fourchette.

Les enfants sont envoyés à l'école des sœurs, au village. Ils y entonnent « Maréchal, nous voilà », au garde-à-vous. Philippe écrit de la main gauche. La main du diable ? Non. Sœur Noélie est compréhensive, mais son élève devra s'efforcer de remédier à ce défaut.

En rentrant de l'école, les enfants passent devant le lavoir où les femmes s'activent. Les coups de battoir se mêlent à leurs palabres. Les papotages n'épargnent personne. Tout se sait, dit-on, grâce à « radio-lavoir ».

Le dimanche à la sortie de l'église, unique heure où tout Thueyts est réuni, le « tambourinaire » crie : « Avisse à la population ! Un cochon a été perdu ! Prière de le rapporter à son propriétaire… ! » Et l'on est sûr que la nouvelle n'échappe à personne.

L'après-midi, on se rend à Veyrières, chez les grands-parents Plantevin. Tante Madeleine, la sœur de papa, vit à leurs côtés. Celle-ci entretient un grand et beau jardin au bord de l'Ardèche. Philippe, cinq ans, l'accompagne, et l'aide comme il peut. Tous les deux s'entendent bien et travaillent côte à côte.

« Mon petit Philou, lui dit-elle, ton cœur, c'est le jardin de Jésus et tu en es le jardinier. Il faut que Jésus soit content dans ton cœur. Tu comprends, mon petit Philou ?

– Oh ! Oui, tante Madeleine.

– Alors, dans le jardin de ton cœur, il faut enlever les mauvaises herbes. Tiens, comme celle-là, regarde. Elle a comme des dents : c'est la colère, on l'enlève ! Et celle-là encore, c'est une ortie, elle pique : c'est la méchanceté ! Et puis, c'est beau de mettre des fleurs comme, ici dans ton cœur : la fleur du sourire et de la bonne humeur, la fleur du service, la fleur du pardon, la fleur de la patience. Tu vois le tournesol, là-bas ? Regarde, il est toujours tourné vers le soleil ! Ton soleil, c'est Jésus. Tu comprends, mon petit Philou ?

– Oh ! Oui, tante Madeleine. »

Après un moment de silence, elle reprend : « Et surtout, tous les soirs, on l'arrose un peu, avec l'eau de la prière. Sans cela, ton cœur deviendra tout sec et dur, et Jésus viendra moins. Ce serait dommage. Tu comprends, mon petit Philou ?

– Oh ! Oui, tante Madeleine. »

Philippe se plaît au jardin. Il est ravi de ramasser les feuilles, d'arroser les légumes… Il aime s'occuper les mains.

Longeant ensemble la rivière, tante Madeleine dit encore à Fifi : « Tu vois l'eau de la rivière, elle lave, elle rafraîchit, mais on ne peut pas l'attraper avec la main. C'est comme Dieu, on ne peut pas le saisir, mais Dieu te rafraîchit le cœur… Tu comprends mon petit Philou ?

– Oh ! Oui, tante Madeleine… »

Comme chaque soir d'été, sur la terrasse, on regarde les étoiles. François montre à ses enfants la Grande Ourse et la Petite Ourse, et tout le monde fait silence en attendant une étoile filante.

Ce matin d'été, un coup de klaxon annonce l'arrivée des cousins et cousines de Lyon, déclenchant un déferlement de cris joyeux des enfants qui les attendaient déjà dans le parc. Après les embrassades, les bagages sont montés dans les chambres. Il y a l'embarras du choix, les longs couloirs ouvrent leurs flancs à une enfilade de portes. L'espace est à la mesure du bonheur des beaux jours.

Sans tarder, on dévale les escaliers de pierre dans l'urgence du jeu. Dehors, les enfants découvrent les grands arbres, les caves immenses. Étienne et Philippe expliquent aux nouveaux venus leurs projets de cabane. On en construit une sous le cèdre, avec des caisses venant de l'usine. Papa a donné son accord en conseillant d'en faire bon usage. La cabane est un château où s'inventent mille histoires. Les filles y mettent un berceau. Les plus jeunes vont pieds nus, à la sauvage. Les rires jaillissent d'aventures joyeuses. C'est la grande liberté !

Heureux, Philippe sourit. On l'appelle « Fifi le ravi ».

C'est dans le tourbillon de ces aventures de l'été 1944 que la guerre se termine. La famille compte ses morts. Trois du côté de papa et deux du côté de maman, c'est une grande peine. Il faut pourtant reprendre le cours de l'existence.

Le retour à la normale n'est pas rapide, les restrictions maintenues, et les châtaignes toujours au menu. Après plusieurs années à manger du pain de maïs, frères et sœurs découvrent enfin leurs premières tranches de pain blanc apporté de Lyon.

Départ pour la pension

2 octobre 1945

François pose deux valises en carton dans son coffre et sort sa Traction du garage. Sur le perron, Étienne et Philippe, culottes courtes et chaussettes hautes, embrassent une dernière fois leur mère en se promettant de s'écrire souvent. Hélène dissimule son chagrin. Elle sait qu'elle ne les reverra pas avant Noël, et même fort occupé, ce temps lui paraîtra long. Elle s'inquiète aussi de cette première rentrée de Philippe qui ne connaît pas encore les murs et la rudesse du pensionnat du Château d'Aix à Saint-Martin-la-Sauveté.

Philippe, lui, n'a pas d'inquiétude, juste cette appréhension de l'inconnu vite effacée par la joie de la découverte et les conseils avisés de son frère aîné, Étienne, et de son cousin Bernard qui connaissent déjà les lieux. On lui a dit que jadis le château était la maison de famille du Père-Lachaise, confesseur de Louis XIV.

François est enthousiaste. En route, il explique à ses fils les joies d'apprendre. Le voilà soudain poète. Il déroule une tirade de Cyrano de Bergerac, en conduisant d'une main légère. « C'est un roc ! C'est un pic ! C'est un cap ! Que dis-je, c'est une péninsule ! »

À Lalevade, les enfants sont installés dans le train à vapeur à destination de Lyon. Au coup de sifflet du chef de gare, ils saluent une dernière fois leur père à travers la vitre. Le convoi s'ébranle. « Assieds-toi, conseille Étienne à son frère, le trajet sera long. » Mais Philippe reste à la fenêtre et sourit à l'aventure.

Place Carnot, les enfants rejoignent leurs camarades où les attend le car Rondy, spécialement affrété par le pensionnat. Après les dernières embrassades, l'autocar démarre et disparaît.

Philippe s'en va sur les pas de son frère chez les Salésiens de Don Bosco. Il faut rouler jusque dans la Loire, emprunter un trajet qu'il finira par connaître par cœur : Feurs, Balbigny, Saint-Germain-Laval, et au pied de Grézolles, le château d'Aix qu'on aperçoit depuis les virages de la route.

Il y sera scolarisé pendant huit ans.

L'histoire familiale a conduit Hélène à choisir ce lieu, car c'est Don Bosco lui-même qui avait guéri son père, alors enfant, d'une infirmité, peut-être une sorte de polio. Il avait dit au garçon : « L'année prochaine, quand je reviendrai, tu me serviras la messe ». Le gamin s'en était tiré. Depuis, bien sûr, il y a dans la famille une dévotion au grand homme. C'était une personnalité de l'époque, une figure parmi les éducateurs et pédagogues renommés du XIXe siècle. Désormais, à la maison, on conserve comme une sainte relique une timbale que Don Bosco utilisait à table lors de ses passages à Lyon.

Le pensionnat paraît enfin, comme posé sur la rivière Aix. L'eau le traverse à gros bouillons.

Les élèves prennent la mesure de leur nouvel espace : les dortoirs de trente lits se succèdent, identiques… Au château même s'installent les plus jeunes, près d'une infirmerie tenue par deux religieuses et quelques chambres spartiates réservées aux professeurs.

Par la fenêtre, on aperçoit la rivière qui file, les vaches qui broutent, de grands peupliers et la forêt sur les collines. On est dans un trou perdu, en pleine verdure.

Chaque élève range ses affaires dans son casier. Et dès le lendemain, commence la retraite de rentrée. Pendant trois jours, c'est le silence, sauf en récréation.

Chaque année, le prédicateur répète : « Mes enfants, dans la vie, il y a deux chemins possibles : le chemin qui monte vers Jésus, explique-t-il d'une voix montant dans les aigus, et le chemin qui descend vers la turpitude », dit-il d'une voix grave.

Bien plus tard, Philippe trouvera dans son dictionnaire latin le mot « turpitudo » : chose honteuse, voir « Ignominie » ; et à « Ignominie » : chose honteuse, voir « turpitude »…

À 6 heures, le vieux Père Calvi sonne la cloche, tandis que le prêtre-surveillant fait lever tout le monde en claquant des mains.

Le temps de se débarbouiller, de s'habiller, les élèves entrent en silence dans la salle d'études pour apprendre leurs leçons. Puis c'est la messe de 7 heures. Dans le chœur, le prêtre tourne le dos aux enfants et parle en latin. Après le signe de croix, on dit le chapelet, et l'on répète : « Je vous salue Marie pleine de grâce, le Seigneur est avec vous, vous êtes bénie entre toutes les femmes et Jésus, le fruit de vos entrailles est béni », sans que les jeunes âmes ne sachent au juste ce qu'il en retourne des « entrailles » ! Dans les chapelles latérales, d'autres prêtres officient en murmurant face à un saint en plâtre peint.

Chaque premier vendredi du mois, les enfants récitent « l'exercice de la bonne mort » : « Quand mes pieds immobiles m'avertiront que ma course en ce monde est près de finir, Miséricordieux Jésus, ayez pitié de moi. Quand mes mains moites et tremblantes t'étreindront pour la dernière fois, ô mon crucifix bien aimé, Seigneur Jésus, ayez pitié de moi… Quand mes yeux... Quand mes lèvres... Quand mes joues... Quand mes oreilles... Quand… Quand... »

Les jeunes garçons baignent dans les prières, parfois l'esprit ailleurs, plus enclin à la rêverie ou à la plaisanterie.

L'estomac définitivement réveillé, les enfants rejoignent le réfectoire à 7 h 45. On accompagne le cacao fumant de quelques tranches de pain, parfois agrémentées d'une noisette de beurre ou de confiture, apportée de la maison. Les élèves avertis se remplissent le ventre avec ce qu'ils appellent la « cité lacustre », terme puisé des cours d'histoire ancienne. Il s'agit de couper des morceaux de pain autant que le bol peut en contenir, en les tassant bien. La cité lacustre est réussie lorsque la cuillère tient droite dans la pâtée !

Enfin, la cloche de 8 h 30 sonne l'heure de la classe. Elle débute de nouveau par une prière. Puis le professeur interroge. Debout, un élève récite sa leçon. Poésie, histoire, géographie, latin, grec, littérature ou mathématiques délivrent une multitude de savoirs très intéressants, et font oublier à Philippe les conditions spartiates du pensionnat, jusqu'à lui laisser de bons souvenirs.

Les plumes sergent-major grattent le papier, crissent dans la salle de classe silencieuse. Lorsque le ciel s'obscurcit, la pièce est éclairée par une ampoule à la lueur blafarde. On se plaint des fréquentes pannes d'électricité. En attendant qu'on redémarre la turbine, les élèves sortent de leur pupitre des restes de bougies récupérés à la sacristie. Lorsque la lumière revient, ils soufflent sur la flamme... Jusqu'au jour où Alexis range la bougie sans bien l'éteindre, mettant le feu à son bureau. C'est l'alerte !

La récréation libère la parole et les corps. Philippe court pour ne pas avoir froid. La pèlerine tient chaud, mais les genoux à l'air libre entre les chaussettes et les culottes courtes deviennent vite rouges. « On te donnera un pantalon quand t'auras des poils ! » préviennent les plus grands. Peu importe, il faut profiter de ce court moment pour jouer : ballon, drapeau-chevalier, avec parfois l'arme redoutable du sabot lancé sur l'ennemi avec le pied !

À midi, le repas se déroule en silence avec la lecture d'un livre par un élève. Il doit lire *recto tono*, c'est-à-dire d'un ton uniforme pour rendre audibles les fins de phrases dans le bruit des fourchettes. On lit un peu de tout, passant de l'Histoire de France au roman *Sans famille*.

Le soir, à l'extinction des feux, le prêtre-surveillant finit de réciter son bréviaire en faisant les cent pas dans l'allée centrale du dortoir. Les paupières lourdes se ferment sur le bonheur des beaux jours à la maison, avec l'image de maman rédigeant d'une écriture soignée une lettre pleine de bons conseils, sans la moindre faute. Philippe songe à ce qu'il lui racontera en retour, avant de chavirer dans le sommeil.

Très vite, octobre ouvre la route à novembre, puis décembre. Il fait de plus en plus froid dans ces bâtiments sans chauffage central et sans couloirs intérieurs. À chaque changement d'activité, on est saisi par l'humidité glaciale du dehors. À la récréation, les enfants courent pour se réchauffer. Les batailles de boules de neige et les glissades sur le lac provoquent des engelures. Commence alors la cure d'huile de foie de morue.

Il gèle à pierre fendre. Obstrués par la glace, les robinets ne délivrent désormais plus une goutte. Alors que le jour n'est pas encore levé, les élèves sortent en sabot, parfois dans la neige. Une fois au lac, ils cassent la glace avec une barre à mine, puis trempent le gant de toilette. Le froid de l'eau mord les doigts. De retour au dortoir, un surveillant vérifie les quelques mèches de cheveux humides. Comment rester propre avec si peu d'hygiène ?

Les enfants rentrent pour huit jours dans leur famille, après avoir célébré Noël au pensionnat.

À la maison, il ne fait guère plus chaud. Dans le corridor du château, l'eau gèle à même le sol tout autant qu'à l'école... mais l'on peut jouer à l'intérieur, notamment aux patins à roulettes. Les couloirs forment d'excellentes pistes, et le demi-tour s'exécute autour de la table de la salle à manger.

Pour fêter la naissance de Jésus, les enfants reçoivent quelques papillotes et une orange qu'ils découvrent près de la crèche.

À l'arrivée de l'été, la maison prend des airs de colonie de vacances. Ça rentre, ça sort par toutes les portes, le château respire à pleins poumons. En fin de matinée, la famille descend jusqu'au pont du Diable, où la profondeur de l'eau atteint presque huit mètres. Hélène apprend à ses enfants à nager. Ils sauront tous le faire à six ans. Une idée bien moderne, qu'elle a elle-même mise en pratique lorsqu'elle était guide chez les scouts, mais une activité méconnue des gens du village qui s'étonnent de voir une maman se baigner avec ses enfants.

Les jeunes ont le pied ardéchois. Au soleil de midi, ils descendent comme des fous à la rivière, sûrs de leur trajectoire. « Le temps presse, on doit être rentrés pour 1 heure ! » C'est l'heure à laquelle papa quitte l'usine pour déjeuner. Aussi, après la baignade, la côte est remontée en toute hâte et après avoir mis le couvert, tous s'installent à table. À la fin du repas, on ramasse tout pour la vaisselle : « Jamais les mains vides », dit le père.

Le soir, les aînés inventent des histoires de fantômes à faire pâlir de trouille les cousins de Lyon. Il est si réjouissant de convoquer les anciens occupants de la bâtisse !

Trois spécimens hantent le château : le Chat noir, la Jambe de bois et la Casquette de toile cirée. La fameuse casquette appartenait au comte de Blou, un des derniers propriétaires, enterré à Thueyts dans une chapelle spéciale ! « Écoutez ! C'est l'heure du fantôme… » lancent les garçons d'un ton grave.

C'est à cette heure précise que la pompe fait remonter l'eau de la citerne jusqu'au grenier… Lorsqu'elle s'arrête, des bulles d'air se forment dans la tuyauterie. On entend : « *bôm, bôm, bôm…* ».

C'est Jambe de bois qui arrive...
Étienne et Philippe agitent un drap blanc devant la fenêtre qu'ils descendent depuis la pièce de l'étage supérieur.

Les cousins crient : « Maman ! »

Les vacances finies, Philippe retrouve ses professeurs, ses camarades. Bientôt, il apporte son aide à la ferme du pensionnat, change la litière dans l'écurie, remplit les mangeoires. Un matin, il échoue dans le râtelier avec le foin et se tombe nez à nez avec une vache, tout aussi surprise que lui !

À Thueyts, l'usine emploie désormais plusieurs dizaines d'ouvrières. Sous le toit en verre, les métiers battent. Sur cette voie très fréquentée reliant Montélimar au Puy, des hôtels et restaurants s'ouvrent.

Chez les Plantevin, la famille s'agrandit encore, avec Gérard, Gilberte qu'on appellera Gilette, puis Caroline en 1949.

Les filles sont envoyées au collège de Fromente, à Saint-Didier-aux-Monts-d'Or, près de Lyon.

Philippe entre dans l'adolescence. Il a enfin droit aux pantalons, car il a du poil ! À l'école, il chante à la chorale, et apprend le solfège. Il a choisi de jouer du trombone à coulisse. Étienne s'adonne à la clarinette et d'autres à la flûte ou au tambour. Ensemble, ils gonflent les rangs de la fanfare du collège.

Lorsque parfois, à la grand-messe de Saint-Martin-la-Sauveté, le curé annonce de sa voix fluette et un peu nasillarde « aujourd'hui, nous avons la joie de recevoir les chanteurs du Château d'Aix », les garçons se moquent de lui.

Le dimanche après-midi, le pensionnat part en promenade. Les enfants s'amusent aux gendarmes et aux voleurs, font du sport, beaucoup de sport. Dans les fossés de cet ancien château, il y a des terrains de baskets.

Le jeudi, les garçons jouent au foot. Philippe est goal, car il est déjà grand et costaud. Les sabots sont troqués contre des chaussures montantes à clous, sorte de brodequins militaires. À l'arrivée des beaux jours, il est possible de se baigner au lac voisin. Chacun se déshabille pudiquement derrière un arbre. Philippe étonne ses camarades, parce qu'il sait bien nager la brasse coulée ou le crawl… Les autres l'envient.

Pour le 11 novembre, on célèbre les commémorations au monument de Saint-Martin-la-Sauveté. À l'issue de son discours, le maire annonce d'une voix grave et solennelle : « Et maintenant, nous allons respecter une minute de silence pour honorer nos morts ! » C'est à ce moment précis que Philippe et ses copains jettent dans le poulailler voisin les cailloux qu'ils ont ramassés le long du chemin : gloussements énervés des volatiles, regards mauvais vers les fauteurs de troubles !

Le Père, directeur du collège, ouvre le courrier des élèves pour le lire. Cette contrainte agace les plus grands qui tiennent à leur intimité.

Philippe a du mal à détacher ses yeux de Martine, la sœur de son camarade François qu'on appelle la « Châtaigne ». François n'habite pas très loin, ses parents lui rendent visite certains dimanches avec ses sœurs. Martine a de belles nattes noires tombant sur une robe rouge, Philippe est amoureux, mais « sans mauvaises pensées ». En fin de journée, la famille repart et les garçons se retrouvent entre eux.

Au pensionnat, la seule fille qu'ils ont l'habitude de voir parce qu'elle aide aux cuisines est un véritable laideron. Ses traits disgracieux les amusent. Au réfectoire, les plaisantins la singent en train de malaxer des boulettes de viande sous ses aisselles : « J'ai trouvé un poil ! » déclare l'un d'eux en grimaçant. Et toute la troupe éclate de rire.

Philippe est vite repéré comme très pieux. Il communie tous les jours, et joue consciencieusement son rôle de sacristain.

Sa foi vient du fond du cœur. À douze ans, il pense devenir prêtre.

Avec mon canif à deux lames, fierté de mes douze ans, j'ai gravé en secret dans l'écorce du platane de la cour de récré : V.S.M., Viens Suis-Moi, puis une croix et la date : 24 mai 1948, date du jour, puis j'ai signé de mes initiales P. P.

Je m'en souviens très bien. Si le platane a grandi comme moi, je le retrouverai facilement ce V.S.M. De toute façon, je le retrouve sans cesse, car en le gravant dans l'écorce, je l'ai gravé dans mon cœur comme l'amoureux grave dans l'arbre le nom de son Amour.
Très souvent, je pense à mon platane, je m'y appuie, tranquille, ou je m'y accroche.

Sans méchanceté, ses copains l'appellent « le saint ». Pourtant, à l'heure du salut au saint Sacrement, il n'est pas le dernier des polissons : « Béni soit le nom de Jésus », et l'on répète : « Béni soit le nom de Marie, béni soit Saint-Joseph son très chaste époux... » En franche camaraderie, Philippe tape du coude son voisin, en disant : « Chasse tes poux, chasse tes poux ! » Car, il faut le dire, les maudites bestioles ne manquent pas...

En fin de trimestre, la « balade des mentions » récompense les plus méritants. Philippe est bon élève, sauf en mathématiques où il se dit nul. Les jeunes lauréats partent pour la journée, chargés du pique-nique. Ils s'installent près d'un monastère, comme Noirétable, ou d'un vieux château en ruines, tandis que leurs camarades « sans mention », restés à la pension, doivent faire des lignes ou recopier un texte… La veille, à l'heure du coucher, l'accompagnateur aura encore une fois récité son bréviaire, en prenant de l'avance pour cette journée qui le fera rentrer tard. Philippe estime ses professeurs, salésiens de Don Bosco, pour leur dévouement. Ne plaignant jamais leur peine, ceux-ci se tiennent jour et nuit au service des enfants.

L'été de ses quinze ans, Philippe est envoyé en Angleterre, près de Manchester, où l'oncle Jean, le frère aîné de son père dirige lui aussi une usine de moulinage. Il y reste deux mois pour améliorer son anglais.

Il en profite pour se rendre à la bibliothèque municipale de Buxton, presque en secret. Là, avec curiosité, il se plonge dans les livres. Un sujet le préoccupe avant tout : la sexualité. Il doit combler son désir de connaissance, celui auquel le pensionnat ne peut pas répondre. Certes, avec six petites sœurs, le corps féminin, il l'a vu, mais il reste tant de choses à apprendre ! Alors, patiemment et méthodiquement, il tourne les pages des dictionnaires médicaux, cherche la traduction de chaque mot. Il découvre ainsi les relations hommes femmes, ou la naissance des bébés. C'est en anglais que Philippe fait son éducation sexuelle, seul avec lui-même, sans s'en ouvrir à quiconque.

De retour à la pension, l'autorité et la discipline reprennent. À la chapelle, le directeur surprend Philippe, en train de parler à l'oreille de son voisin. En réalité, il récite le *Je vous salue Marie* en anglais : « Holy Mary, mother of God, pray for us sinners, now and at the hour of our death ».

« Tu as parlé à la messe ! »

La sanction immédiate est reçue comme une grande injustice, car Philippe est plutôt discret et timide, une timidité presque maladive qui l'encombre et le rend parfois malheureux. Cela lui vaut d'échouer à l'oral du baccalauréat.

À la rentrée 1954, ses parents l'inscrivent aux Minimes, à Lyon, pour y redoubler sa première. L'école se trouve rue des Macchabées, à proximité de l'église Saint-Irénée, sur la colline de Fourvière. Le changement est radical, sans toutefois offrir plus de liberté. Mais… le pensionnat est en pleine ville, et les élèves de sa classe sont sans doute un peu plus délurés que ceux du Château d'Aix. Ici, adieu silence et verts pâturages ! À l'extérieur, il est un véritable monde à découvrir : celui de la ville et de ses rues animées.

Philippe se lie d'amitié avec une petite troupe d'internes aux velléités d'aventuriers. Ensemble, ils inventent ruses et astuces pour échapper à la surveillance des pions.

Le soir, sur le coup de 10 heures, ils sortent, sans bruit. Où vont-ils ? Chez certains externes, mais aussi dans les rues du quartier. Ils se plaisent à dépasser les bornes, à prendre des risques.

Un soir, à minuit, les fugueurs sont cueillis dans le hall et immédiatement expédiés dans leur dortoir avec promesse de renvoi dès le lendemain. Un message aux parents, et l'affaire est réglée. À la première heure du jour, les huit contrevenants échouent sur le trottoir, avec leur paquetage.

Philippe rejoint finalement le petit séminaire d'Oullins avant d'entrer chez les Jésuites pour faire sa Philosophie.
Situé rue Sainte-Hélène, c'est tout près de la rue Jarente où sa mère a vécu. Il est logé chez tante Jeanne qui surveille ses fréquentations.
L'idée de devenir prêtre ne l'a pas quitté. Naturellement, il se refuse à approcher les filles et s'en détourne, un peu aidé par sa timidité.
Le temps et les études faisant leur œuvre, il rentre chaque été plus instruit et plus confiant. Il se plaît à retrouver le berceau familial toujours aussi vivant, le château toujours aussi grand, sorte de « F40 » comme il aime à le décrire.
« Alors, cette année, où habites-tu ? » lui demande son père. Philippe choisit une nouvelle chambre vers les greniers, la nettoie et la décore à son goût, même s'il faut en repeindre les murs.

En 1954, la famille accueille sa dernière fille, Christine. Philippe en sera le parrain, il a dix-huit ans.

Puis c'est le départ pour Issy-les-Moulineaux, au grand séminaire de Saint-Sulpice. Philippe y rejoint son cousin Vincent, fils de Jean, qui vit en Angleterre.

Là-bas, les autres ont la même vocation que lui. Ils viennent de toute la France, certains aussi de l'étranger, sur recommandation d'un prêtre ou d'un enseignant.

Bâti sous Louis XIV, le séminaire ne passe pas inaperçu. Son immense façade, sa chapelle, monumentale, avec ses colonnes et verrières, ses marbres et ses somptueux décors en font un édifice imposant. Il est entouré d'un parc aux grands arbres et de terrains de sport.

Ici, on prend soin de la vie en communauté comme des temps de réflexion personnelle. Chaque séminariste dispose de sa propre chambre.

Philippe y étudie la philosophie pendant deux ans pour s'ouvrir l'esprit sur la condition humaine.

Il est aussi sonneur de cloches. Avant la messe du matin, il sonne les laudes. Le soir, après la prière, c'est le grand silence comme chez les moines.

Le jeudi, avec d'autres, il s'occupe du patronage à la paroisse Saint-Jean-Baptiste de Grenelle dans le XIIIe arrondissement, près des usines Citroën.

À vingt ans, Philippe obtient un an de sursis avant d'être appelé pour le régiment.
Au terme de ces deux ans de philosophie, il reçoit les Ordres mineurs, et donc la tonsure et la soutane.

La guerre d'Algérie, le tournant

Le 1ᵉʳ mai 1957, Philippe fête ses vingt et un ans avec la certitude que cette année ne ressemblera à aucune autre. Sa convocation sous les drapeaux arrive à Thueyts dans l'été.

Depuis 1954, les événements en Algérie alimentent les journaux. Département français depuis 1848, des métropolitains s'y sont installés, ont créé des vignobles, y travaillent, y commercent et y ont fondé une famille. Mais les hommes du Front de Libération National (F.L.N) cherchent à redevenir maîtres de leur territoire. La France ne veut pas lâcher cette terre qu'elle a mis plus d'un siècle à conquérir.

Partir, c'est rejoindre cette Algérie en prise à d'extrêmes violences, où le pire peut advenir.

Depuis quelque temps déjà, au séminaire, on encourage les jeunes à faire l'école des officiers. Choix difficile pour ceux qui se soumettent aux enseignements de la Bible. N'y est-il pas écrit : « Tu ne tueras pas » ?

Certains séminaristes servent la France dans un collège en Afrique occidentale française, en qualité de professeur ou de surveillant. Pour Philippe, il n'est pas question de contourner l'obligation faite à tous les Français.

Le jour dit, Lyonnais, Ardéchois, Isérois, Drômois… se retrouvent à la caserne de Sathonay-Camp. L'annonce est cinglante : « Après-demain, départ pour l'Algérie. » Silence, stupeur et confusion.

« Directement, sans entraînement ? »…

Le coup est rude. Certains se mettent à pleurer comme des gosses.

À Marseille, c'est l'embarquement sur le Sidi Ferruch.

Préparé par douze années de pension, Philippe reste serein. Autour de lui, des centaines de gars de son âge. Malgré les vagues, le soleil et la chaleur, on est loin du voyage touristique. La plupart luttent contre une angoisse grandissante, mêlée au roulis de la mer qui les rend malades. Quelques-uns s'accrochent presque à la soutane de Philippe, parce qu'elle représente un soutien moral.

L'arrivée à Alger plonge les nouveaux venus dans un autre monde. Dans les rues, des militaires de partout, des chars… ça donne la pétoche. Rapidement habillés en soldat, les hommes sont vaccinés ; piqués aux fesses, piètre douleur face à ce qui les attend. Le surlendemain déjà, on les fait monter sur le plateau d'un train, sans armes, direction Boghari, au sud de Médéa, où se trouve un fort, construit sur la montagne au temps de la conquête. Les jeunes appelés s'y installent pour quatre mois de classe.

Philippe se plie sans trop de mal à cette nouvelle vie. Le lieutenant s'en aperçoit vite : « Ah, c'est un séminariste celui-là ? Il a dû faire des colonies de vacances ! ». Il lui demande d'apprendre un chant de marche à sa section. Domptant sa timidité, Philippe entonne *Auprès de ma blonde*, et les autres le suivent.

Quelques jours après leur arrivée, le casernement essuie ses premiers tirs. Terreur ! Les hommes se jettent sous les lits, les mains sur la tête. C'est la guerre !

Ils doivent pourtant sortir, apprendre à marcher au pas, à saluer, à se servir d'une arme… avec un fusil Lebel de 1914. Dure mise en route pour la plupart des jeunes qui n'ont pas vécu autre chose que le cadre familial protecteur. Les ordres sont donnés : « On va ratisser cette colline. Trois mètres entre vous ! Fouillez les buissons ! Surveillez l'arrière ! »

Le soir, Philippe écrit de longues lettres à ses parents, mais aussi pour d'autres soldats, y compris des mots d'amour pour les fiancées restées au pays.

Le séminariste n'aime pas la guerre, il n'aime pas qu'on lui apprenne à la faire. À l'école d'officier de Cherchell où on l'envoie, il manque « d'esprit militaire ». Comme précise un rapport, « quand le soldant Plantevin défile dans les rues, il sourit aux gens… » Il se contentera donc du grade de sergent.

Philippe est affecté au 2e régiment de tirailleurs algériens, basé à Mostaganem, en Oranie.

La compagnie prend ses quartiers dans une ferme abandonnée par des Pieds-noirs, au sud de Sidi Bel Abbes, d'où elle part en opération de ratissage plusieurs fois par semaine.

L'Algérie est française, les jeunes Algériens sont donc français et incorporés comme ceux de France métropolitaine. Sur cent soldats, seulement dix sont « Gaulois ».

Chef de section de commandement, Philippe a quinze hommes sous ses ordres. Il est lui-même sous ceux du capitaine Ali Ahmed qui a fait l'Indochine, comme le caporal-chef Mekanef, dont la devise est : « Allez, debout ! Sac-à-dos-la-poussière, direction la crête, en avant, marche ! ».

C'est durant ces premiers mois que Philippe devient champion du bataillon de tir au pistolet Colt 45, détrônant ainsi le colonel, tenant du titre depuis plusieurs années. Bon perdant, le colonel le récompense par quatre jours de permission exceptionnelle. Coïncidence : Étienne vient d'arriver en Algérie et les deux frères peuvent passer quelques heures ensemble à Tlemcen.

Après un long sursis pour terminer ses études à HEC, Étienne a fait l'école d'Officier de réserve à Saint-Maixant en France, avant d'être affecté en Allemagne comme sous-lieutenant.

Dans ces conditions, Philippe a le droit de rentrer dans ses foyers, car la loi française dit que deux frères ne peuvent pas être simultanément en Algérie. Mais par solidarité, et par amitié pour ses compagnons, il décide de rester. « Je ne quitte pas l'Algérie, ma place est avec vous. » Étienne sera envoyé en Kabylie.

Après quelques mois dans cette ferme, le bataillon devient un bataillon d'intervention, sans casernement fixe. Il part pour des missions de ratissage de deux ou trois semaines dans la montagne. Les hélicoptères déposent les hommes en pleine zone de combat où ils campent à la belle étoile, avec interdiction de faire du feu. Les soldats se protègent du vent et des tirs derrière des murettes qu'ils ont construites en toute hâte.

Le soir, Philippe donne ses ordres : « Celui qui monte la garde se place à côté de moi ».

La nuit arrive. Tandis qu'on a sorti le duvet du sac et que les premiers tentent de trouver le sommeil, le guetteur de nuit se tient à côté de Philippe comme on le lui a ordonné. Le chouf (le veilleur) le réveille à tout bruit suspect. Il s'inquiète des sangliers qui passent et des aboiements lugubres de chacals…

Dans cette atmosphère sous tension, l'homme murmure : « Sergent, j'ai la honte au visage… Dis-moi, qu'en penses-tu ? Je suis algérien et je tire sur les Algériens. Ça ne va pas ?

– Non, ça ne va pas…

– Alors ?

– Alors patience, un jour la paix va venir. »

L'Algérien se confie au « Français vrai », sans se faire entendre de ses compatriotes, car ses frères d'armes sont autant d'ennemis possibles.

C'est là, dans les monts de Tlemcen qu'éclate un accrochage violent avec les combattants du FLN. Le face-à-face devient presque du corps à corps, on tire sur l'autre, les yeux dans les yeux : l'horreur. Philippe voit sa fin venir et se demande comment ses parents pourront trouver le lieu de sa mort, dans ce paysage immense et nu de forêts brûlées.

On compte les hommes restés au sol. En voici un du FLN, très jeune. Benhaoua, le radio, s'exclame : « On dirait mon frère ! » Philippe répond : « C'est mon frère. » L'Algérien comprend le sens de ces paroles, il les répète à toute la compagnie. À compter de ce jour, Philippe devient sergent « marabout », autrement dit le « saint ».

À Géryville, au bord du désert, la compagnie doit monter le camp de toile près de la Légion étrangère. La proximité tourne rapidement à la bagarre. Même les piquets de tente se transforment en arme.

Le calme revenu, Philippe se rend à l'église. Épuisé, il s'allonge à même le sol près des fonts baptismaux et il s'endort. Soudain, quelqu'un le secoue : « Allez, allez, bouge de là, c'est interdit ! » Philippe est barbu, et sa peau est brûlée par le soleil. Il ressemble à ses compagnons de marche. Voyant qu'il s'agit d'un père Blanc comme son oncle, il répond comme par réflexe : « Je suis le neveu de monseigneur Étienne Courtois, évêque de Kayes au Mali. » Étienne Courtois est en effet un frère de Hélène. Ces mots surprennent le prêtre. « Venez avec moi, vous devez vous reposer ».

Philippe suit de bon cœur son hôte qui le mène jusqu'à la Mission. Là-bas, événement extraordinaire, on lui sert un steak-frites, plat qu'il n'a pas mangé depuis plus d'un an. À table, il découvre du beau monde : l'évêque du Sahara, Georges Mercier, et René Voillaume, fondateur des Petits Frères de Jésus de Charles de Foucauld. Tous l'interrogent sur sa vie de militaire. Mais Philippe doit rejoindre sa compagnie.

À chaque instant, les hommes redoutent l'arrivée des hélicoptères, signe qu'ils seraient encore une fois jetés en plein accrochage. La trouille !

C'est dur, mais il faut résister. Les frères de combat se soudent pour faire bloc. Dans cette lutte pour leur survie, ils ne font plus qu'un. Le soleil de l'Atlas saharien cogne et brûle. Malgré le ravitaillement quotidien, on ne tient pas le choc. Les quatre litres d'eau par soldat sont trop vite bus.

On espère s'approvisionner dans une ferme abandonnée, mais c'est la déception. L'ennemi a pris soin de jeter un mouton mort dans le puits pour en contaminer l'eau. Parfois, seul le vin peut étancher la soif. Un soir à Mascara, région de vignoble, les hommes découvrent des tonneaux, et se précipitent sur ce piège mortel qui fait d'eux des cibles faciles.

Dans ces conditions extrêmes, les liens fraternels sont solides, bientôt à toute épreuve. Issarlès, un gars qu'on appelle ainsi parce qu'il vient de la région du lac du même nom en Ardèche, plaisante sans cesse. Sous un soleil de plomb, lorsque la chaleur et la fatigue alourdissent le pas, il a encore la force de lancer : « On n'est pas bien ici ? Ah ! Il vaut mieux rire que pleurer ! » ou « Ah ! Si notre pauvre mère nous voyait ! » Et tout un tas de petites phrases anodines, capables d'arracher un rictus aux hommes exténués. Il y revient en boucle, une boucle qui les enveloppe tous, et tous finissent par sourire avec lui.

« En Algérie pendant deux ans, avec mes compagnons de marche, presque tous musulmans, j'ai découvert qu'il n'y avait ni langage, ni religion, ni même morale universelle, mais qu'une seule chose nous unissait : le même Corps ! Tous, deux yeux, deux jambes, un cœur et la SOIF ! On était tous des FRÈRES unis par la SOIF, parfois jusqu'au délire ! »

« Celui qui siège sur le Trône les abritera sous sa tente. Ils n'auront plus soif. Le soleil et ses feux ne les frapperont plus, car l'Agneau sera leur berger. Il le conduira vers des Sources d'eaux vives. Et Dieu essuiera toutes larmes de leurs yeux. » *J'écris ces mots de l'*Apocalypse *selon saint Jean par cœur, tellement je les ai priés face à la soif et à la mort quasi quotidiennes. »*

Philippe conserve dans sa poche de treillis cet évangile de saint Jean qu'il lit tous les jours pour se donner des forces, expliquant à ses compagnons musulmans que c'est pour lui un livre saint.

À travers les broussailles, les ratissages continuent… Dans la montagne, on traque l'ennemi et les caches d'armes. Soudain, dans un fourré, Philippe voit comme un corps étendu sous une djellaba. « Tiens, voilà un mort », se dit-il, et il le pousse du pied. Mais l'homme bondit en criant : « Ne me tue pas, ne me tue pas ! » C'est un gamin, même pas 20 ans. Philippe le conduit au capitaine Ali qui l'interroge. Dans son sac à dos, on trouve des documents sur la katiba, compagnie du FLN, qu'il doit rejoindre dans le djebel et dont il est secrétaire. Il s'appelle Ahmed, il est jeune bachelier.

Sur le terrain, pas d'information, rien ne vient jusqu'aux hommes. Lâchés loin, perdus au milieu de nulle part, ils sont eux-mêmes soumis au silence. On ne doit même pas siffler, et surtout pas le *Déserteur* de Boris Vian, mais Philippe le fredonne pourtant avec René, le caporal infirmier.

Le bataillon d'intervention se déplace aussi bien en Algérois qu'en Oranie, et jusqu'à Colomb-Béchar. On atteint parfois le Maroc et la ceinture de barbelés, de mines, posées par la France, quelques kilomètres avant la frontière. Souvent, il faut ratisser le long de cette zone pour surprendre l'ennemi qui se prépare à entrer en Algérie…

Un jour, Philippe annonce à son capitaine : « D'après la carte d'état-major, nous sommes au Maroc.

– Sergent, que dites-vous ? »

Philippe lui confirme : « Nous sommes au Maroc.

– Vous n'y pensez pas ! »

La carte est étudiée avec empressement : « Voyez cet oued ? Nous sommes au Maroc…

– À mon commandement ! Tout le monde : demi-tour ! »

Avec si peu de repères pour s'orienter, on a eu chaud ! Il faut repartir, retrouver sa route, marcher, toujours marcher… Les hommes fatigués finissent par suivre les sentiers de chèvres, à flanc de montagne, les uns derrière les autres, une technique tout à fait contraire aux ordres. Une mitrailleuse aurait tôt fait de faucher tout le monde en enfilade ! Philippe donne de la voix, crie : « Distance ! Pas de zigzag !

– Ça veut dire quoi pas-de-zigzag ? lui demande un homme.

– On marche tout droit !

– Ah ! dit-il, toi, tu marches droit ! »

« Marcher droit » est une expression de la prière quotidienne des musulmans. Le radio, qui a le Brevet des collèges, écrit le soir même sur le chapeau de brousse de son sergent : « Sergent, Marabout, Pas-de-Zigzag ».

Le capitaine fait remarquer : « C'est quoi, ces inscriptions ?

– Ça, mon capitaine, c'est Benhaoua…

– Benhaoua ! Qu'est-ce que tu as écrit ?

– J'ai écrit : Sergent Marabout Pasdezigzag.

– Pourquoi ?

– Parce que lui, c'est le sergent Marabout Pasdezigzag ! Il marche droit ! »

Le sergent Plantevin possède toutes les aptitudes pour monter en grade. Pour devenir sergent-chef de réserve, il doit réussir le certificat interarmes qu'il passe volontiers à Sidi Bel Abbes, dans la caserne de la Légion étrangère. C'est pour lui l'occasion d'une semaine de repos, loin du djebel, au cours de laquelle on lui accorde le permis de conduire, sans qu'il n'ait jamais touché un volant, en échange d'une simple photo d'identité.

Le répit est de courte durée, et Philippe doit réintégrer son bataillon.

Chaque matin, l'homme à la radio, Benhaoua, vérifie la qualité de la communication avec les compagnies voisines, à quelques kilomètres dans les montagnes. Il répète sa phrase bien rodée : « Je collationne : lundi, mardi, mercredi, jeudi, vendredi, samedi, pas de dimanche, je répète, pas de dimanche… ».

Le capitaine s'écrie alors : « Je t'interdis de dire "pas de dimanche" ! Nous sommes dimanche aujourd'hui ! »

Benhaoua ose lui répondre : « Non, nous sommes samedi.

– Sergent Plantevin, quel jour sommes-nous ?

– Dimanche, mon capitaine !

– Alors, pourquoi dites-vous : "pas de dimanche" ?

– Parce que depuis un mois, on marche sans arrêt, sans un jour de repos… ».

Et l'homme à la radio reprend : « Je collationne : lundi, mardi, mercredi, jeudi, vendredi, samedi, pas de dim...

– Benhaoua !

– Désolé capitaine, c'est l'habitude… »

Et tous de sourire en réponse à l'audace du radio qui vient d'exprimer sa fatigue.

La guerre n'a que faire de ces instants suspendus. Elle leur tombe dessus une fois de plus, par surprise. La troupe avance… Soudain, des rafales déchirent l'air. Ça part dans tous les sens. Certains hommes se jettent à terre, restent couchés, tétanisés par la frayeur. Nez dans la terre, ils tiennent leur arme n'importe comment, les doigts crispés sur la détente, et le canon pointé n'importe où… au risque de tirer sur l'un des leurs.

Le capitaine Ali a remarqué la résistance de Philippe. Il lance à toute la compagnie : « Le Sergent, lui, il n'a pas peur !... Parce qu'il croit en Dieu ! » Pourtant, lorsque le calme revient, les jambes du sergent tremblent un moment.

Après l'assaut, certains ne se relèvent pas. On doit évacuer des blessés et des morts par hélicoptère. Un jour, André, un jeune Français, est touché à la poitrine. Philippe tente de lui porter secours, mais juge vite de la gravité de la blessure et, couvert du sang de son camarade, reste impuissant. André meurt dans ses bras en prononçant une dernière fois : « maman ». À cet instant, la peur est là et côtoie la colère.

Philippe écrira à la famille du soldat, témoignera de sa peine, seule chose encore possible pour réparer l'irréparable. Il pensera à André presque tous les jours de sa vie.

Un jour, les camions tant attendus arrivent. Les hommes s'écrient : « Les camions ! Les camions ! », comme les marins crient « Terre ! Terre ! » C'est le retour à la ferme, la base arrière, où l'on retrouve son lit et ses affaires, et où l'on peut enfin se laver, après un mois presque sans eau.

Philippe ne rentre qu'une seule fois en Ardèche durant les vingt-sept mois qu'il passe en Algérie. Malgré trois semaines de repos parmi les siens, une partie de son esprit reste accrochée au djebel, aux visages des soldats dans l'enfer des combats.

Pour ces raisons, le second départ n'est pas si terrible, car il signifie aussi revoir les copains, là-bas. Et Philippe en conclut que même dans la guerre, il y a au moins une chose positive à tirer.

Je suis parti séminariste candide, j'en suis revenu meurtri, hébété, puis converti : l'Évangile me parlait pour la première fois de fraternité humaine.
Là-bas, ma foi s'est transformée. Je suis passé de Jésus et moi… au Christ et mes frères à aimer ! L'Algérie a été mon meilleur Séminaire…

Philippe et son frère Étienne rentrent dans leur foyer dans l'hiver 1959, alors que la guerre est loin d'être finie.
Entre l'Algérois et le Maroc, de l'Ouarsenis jusqu'au djebel M'zi, à l'est de Colomb-Béchar, Philippe a parcouru des milliers de kilomètres en Algérie. Connaissant mieux le pays que ses propres habitants, il en fera un atout lorsque, plus tard, il rencontrera des ouvriers algériens.

Retour au séminaire

En permission libérable, Philippe demande la transformation de son permis militaire en permis civil et apprend à conduire avec son père sur la Traction 11 Citroën.

Depuis son retour, ses parents le trouvent différent et grave. Après un mois auprès d'eux, leur fils meurtri hésite à reprendre le chemin du séminaire. Il s'y résout cependant pour retrouver les autres séminaristes qui, comme lui, rentrent d'Algérie. Échanger avec eux lui fera du bien.

Philippe cherche encore sa voie : devenir prêtre, oui, mais il voudrait l'être en vivant au coude à coude avec les hommes de tous bords. Dans son carnet, il écrit ces mots d'Albert Camus qu'il découvre : « Je prendrai l'Église au sérieux quand ses chefs spirituels parleront le langage de tout le monde et vivront eux-mêmes la vie dangereuse et misérable qui est celle du plus grand nombre ».

Un des séminaristes lui conseille alors : « Tu devrais t'intéresser à la Mission de France. Ça ressemble à ce que tu dis. Mon frère y est, je te vois bien là-bas. »

La Mission de France ? L'autre précise : « Son siège est à Pontigny, en Bourgogne… De nombreux prêtres s'y font prêtres-ouvriers ».

Philippe se retrouve pleinement dans cette voie qui plonge l'homme d'Église dans la réalité humaine, où « l'humain revient sans cesse, obstinément ». C'est un choix personnel qu'il formulera contre l'avis de son directeur spirituel et de ses professeurs. Philippe vire de bord. Il ne le regrettera jamais.

Son arrivée à Pontigny est révélatrice de l'atmosphère particulière qu'il y trouve.

Ce jour-là, jeune et beau avec ma soutane, et ma valise en carton, je remonte la grande allée bordée de tilleuls centenaires qui conduit à l'abbatiale du XIIe siècle. Là, je croise un prêtre et lui demande : « Êtes-vous le supérieur du Séminaire ? Il me dévisage de très près et me répond :

– Non, je suis l'économe. Moi ici, je suis l'aveugle, tu vois ?

– Oui, je vois, mais qui est le supérieur ?

– Le supérieur, c'est Le Sourd », me répond-il.

Je l'ai remercié, j'ai hésité un instant, puis j'ai repris ma route... Et en effet, le supérieur s'appelait Henri Le Sourd.

Ici, chacun doit travailler dix heures par semaine pour la collectivité. Pierre, séminariste, conducteur de travaux, demande : « Toi, le nouveau, quel est ton métier ?

– Je n'ai pas de métier...

– Ah bon ? Dans ce cas, tu seras cochonnier ! »

Philippe fait connaissance avec les deux cochons du séminaire. Chaque matin, il leur porte deux grands seaux de déchets de cuisine et sympathise avec eux. En les nourrissant, il partage à haute voix ses réflexions du jour, son enthousiasme dans sa découverte du catholicisme social et son antipathie pour ceux qui sont allés à l'encontre de ce mouvement. C'est dans ce face-à-face que, naturellement, il surnomme les deux cochons O. et P. en référence à deux évêques du Vatican, hostiles aux prêtres-ouvriers.

Un matin, Philippe aperçoit des traces de pas dans la rosée, près de la soue. Sans doute des élèves séminaristes, désireux d'espionner ce face-à-face un peu particulier. Le cochonnier joue le jeu et hausse la voix : « Salut O., salut P. ! La Mission de France vous mangera ! »

Bientôt, Philippe devient légumier. Il cueille et trie les légumes demandés par la cuisine et s'occupe des ruches jusqu'à la récolte du miel, grâce à ce que lui a appris son père.

« Pontigny, c'est aussi l'abbatiale ! Dès l'entrée, j'ai eu le coup de cœur : une grande émotion qui ne m'a plus quitté. J'y allais tous les jours, la nuit, et même l'hiver. On l'appelait la Glaciale !

J'y voyais processionner les deux cents moines du Moyen Âge, et toutes les générations qui ont usé les dalles pendant huit siècles pour les événements joyeux ou malheureux du pays. Cette abbatiale reste quotidienne dans ma vie depuis le premier jour. Elle est ma lumière, ma fondation. »

L'abbaye de Pontigny est un ancien monastère de l'ordre cistercien, fondé en 1114, au nord de la Bourgogne. En 1954, la Mission de France s'installe dans ce domaine, après que le pape Pie XII ait érigé la paroisse de Pontigny comme prélature territoriale.

C'est un magnifique monument en rase campagne.

Dans les salles de cours, on étudie la théologie, mais aussi l'islam, le bouddhisme… On lit Luther et Marx… et l'on explore des univers qui permettent d'ouvrir l'esprit plus largement encore.

À la rentrée de 1962, on envoie Philippe se confronter au terrain, pour qu'il effectue ses premiers pas dans la vie active. À vingt-six ans, il n'a pas de métier, mais tient plus que tout à retrouver une proximité avec les Algériens, et construire à nouveau des amitiés sincères. C'est possible dans le milieu des travaux publics… C'est dit, il travaillera dans le bâtiment ! Il est accueilli à Vénissieux pour y effectuer un stage ouvrier.

En Algérie, j'avais rencontré la Samaritaine, la veuve de Naïm, le centurion, et tout un peuple qui tissait sa libération dans la nuit, comme au temps de Moïse, et comme au temps de Jésus. C'est Lui qui m'a terrassé au retour d'Algérie, un peu comme Paul au chemin de Damas. L'Esprit m'a guidé, je le pense, à la Mission de France. Je voulais être prêtre-ouvrier dans le Bâtiment et les Travaux publics, non pas tant pour la classe ouvrière, mais pour rejoindre ce peuple des petits qui m'avaient ouvert les yeux sur la condition humaine, et continuer avec eux une marche selon l'Évangile.

Bernard, responsable d'équipe de la Mission de France déjà en place à Vénissieux, le prévient et le rassure : « Trouver un travail pourra prendre quelques jours… Tu dois t'accrocher. »

Un matin, à 7 heures, Philippe quitte le presbytère du 23 de la rue du Château et tourne au coin de la mairie. Là, il découvre un important chantier dans la rue Paul Bert. Devant ses pieds, un immense trou. Philippe s'accoude au garde-fou et se penche. Plus bas, des types en casque s'activent. L'un d'eux lève les yeux et lance : « Eh, toi, là-haut, qu'est-ce que tu veux ?

– L'embauche !
– D'où tu es ?
– De l'Ardèche. »
L'homme rit : « Ah ! Les Ardéchois, ils sont cons, mais ils sont costauds ! Je te prends. Reviens à l'heure du casse-croûte, dans une demi-heure. »

Philippe fait demi-tour. Il a le temps de prendre un café. Bernard s'étonne : « Mais Philippe, quand on cherche du travail, on ne revient pas toutes les cinq minutes !
– Mais j'ai trouvé du travail ! »
Bernard n'en croit pas ses oreilles.
Philippe devient manœuvre. Il apprend vite. Les maçons disent : « Lui, avant qu'on lui demande un outil, on l'a déjà dans la main. » Le soir, c'est lui qui monte au sommet de la grue pour la mettre en girouette.
Un jour pourtant, dans l'arrière-cour de la supérette qui donne sur le chantier, le gérant lui lance : « Toi, faut bien que tu sois con, ou que tu n'aies rien appris à l'école pour faire ce travail de bougnouls ! » La réalité du terrain, c'est aussi cela. Philippe laisse filer ces paroles acerbes.

Cependant, à Pontigny, on se demande si ce choix répond aux exigences de Rome. Philippe ne sera-t-il pas soupçonné d'activisme ? Il serait préférable de le diriger vers une profession qui fait appel à des équipes plus réduites.

Philippe s'oriente vers une formation de peintre-vitrier. Là encore, les rencontres sont formidables, des amitiés durables naissent. Albert, qu'on nomme Bébert, est un jeune voyou de Bron, un peu perdu dans une famille de onze enfants sous l'autorité d'un père alcoolique. Durant les cours, Bébert fanfaronne, imite le professeur lorsqu'il a le dos tourné, allant jusqu'à enfiler sa blouse en son absence : « Allez, tous à vos places ! » Il fait rire tout le monde.

Philippe sympathise avec le groupe. Un jour, Bebert l'interroge : « Pourquoi t'es sympa avec Jacky, ce sale con ?

– C'est normal, il a mon âge…

– Pourquoi tu aides Miloud, c'est un arabe ?

– Parce que je connais l'Algérie… »

Mais Bébert insiste : « Pourquoi *ceci* ? Pourquoi *cela* ? »

À bout d'arguments, Philippe lâche : « C'est à cause de Jésus.

– Ah bon ? C'est qui, c'est un pote à toi ?
– Oui, c'est un pote à moi.
– Tu me le feras connaître ?
– Oui, si tu veux. »

Bébert viendra plusieurs fois chez Philippe pour comprendre qui est Jésus.

Les mois passent. Après cette première expérience d'un an, Philippe doit rejoindre Pontigny pour finir sa théologie et y être ordonné prêtre.

Le 26 avril 1964, c'est le grand jour. Pour officier, on a appelé Achille Lienart, évêque de Lille nommé cardinal par Pie XII. Il est surnommé le Cardinal rouge, parce qu'il a défilé avec les manifestants du Nord, lors des grèves des usines textiles, dans les années trente.

La veille, dans les cuisines, fidèles à leur vie simple, Philippe et Achille épluchent les pommes de terre côte à côte pour le souper.

Le lendemain, c'est un peu l'Ardèche qui débarque. Hélène et François, frères et sœurs, tante Madeleine ont fait la route…

De nombreux amis sont là aussi, dont Bébert, qui croyait encore il y a peu que les prêtres étaient des sortes de fakirs. En entrant dans l'abbatiale, il s'exclame : « Oh lala ! Elle est bath cette baraque ! »

En signe de don de soi à l'Église, les séminaristes s'allongent ventre au sol dans le chœur, « au ras de la terre des hommes » pour y recevoir l'étole de prêtre.

Les moines disent « Ora et labora » (prie et travaille). Moi, je commence par travailler, puis je prie avec tout ce que j'ai vécu au travail : labora et ora…

Chaque fois que je retourne à Pontigny, je viens m'étendre de tout mon long à l'endroit précis de mon ordination. Et là, je médite longuement, je me ressource en fredonnant les vieux chants de la Mission, toujours vibrants pour moi, comme : « Le Seigneur nous mènera par le chemin qu'il lui plaira… » ou bien ce chant de Claude Huret : « Larguez, larguez, larguez tout, larguez les amarres. C'est quand disparaît le rivage que commence le grand large. » Oui, je reviendrai encore et encore ici, m'allonger ventre à terre ou simplement m'incliner si j'ai trop d'arthrose.

Vénissieux, entre paroisse et chantiers

Le tout jeune prêtre regagne Vénissieux. Là-bas, la paroisse le réclame, les collègues de travail aussi. « C'est Philippe qu'on veut ».

Il s'installe au Charréard, quartier de Vénissieux en pleine évolution, avec Jacques Pelletier, un autre prêtre-ouvrier. Tous les deux partagent leur temps entre le boulot et la vie paroissiale.

Philippe devient pompiste dans un garage. Jacques espère entrer chez Berliet, la grosse usine de camions de Vénissieux. En attendant, il câble des pH-mètres à domicile.

L'un et l'autre sont tenus à la discrétion. Les prêtres qui désobéissent à Rome peuvent être dénoncés à tout moment par ceux qui ne les tolèrent pas à l'extérieur d'un presbytère, ou loin de leur clocher.

Un jour, des jeunes frappent à la porte et demandent s'ils pourraient emprunter une soutane pour un bal costumé. Plusieurs soutanes sont suspendues au porte-manteau, et prennent poussière. Après une brève réflexion, Philippe refuse en leur choisissant une destinée plus honorable.

Un soir, il contourne l'église pour se rendre au jardin. Dans ses bras, les soutanes qui ne servent plus à personne et qu'il a décidé d'enterrer…

En creusant, Philippe médite sa décision. S'il a renoncé à porter la soutane, cette dernière n'est pas un jouet, et ne doit pas faire l'objet de moqueries…

Bientôt, le trou est assez grand. Alors, discrètement, presque religieusement, il les place côte à côte avant de les recouvrir de terre.

La soutane, c'est bien fini.

À Vénissieux, la vie paroissiale est dense : messe du dimanche, catéchisme, accueil des fiancés, aumônerie…

La porte de Philippe reste ouverte, notamment aux jeunes qui trouvent chez lui un lieu calme. Ils sont toute une bande d'amis, la plupart des collégiens : Serge, Henri, Maurice, Bernard, Raymond et d'autres…

Ils entrent dans la cure comme chez eux, sans sonner. D'ailleurs, on a délaissé l'entrée officielle du presbytère, avec ses colonnes, pour un accès à l'arrière, rue du Château, une rue habitée par des ouvriers pauvres, qui vivent en dortoir.

Depuis la rue, on pénètre directement dans la cuisine. Les jeunes la traversent, accèdent au petit jardin pour s'installer dans un bureau-chambre avec mezzanine, une pièce que Philippe a aménagée dans l'ancienne sacristie. Là, les adolescents écoutent de la musique et discutent. Ils découvrent Brel, Ferrat, Brassens et Léo Ferré... jusqu'à les savoir par cœur. Ils causent de tout et de rien.

Un jour, Philippe est attablé avec d'autres prêtres, Norbert, André, Jacques et l'évêque Gabriel Matagrin. Le repas s'éternise, empiétant sur l'après-midi. Soudain, la jeune troupe débarque sans frapper, salue l'évêque d'un « Bonjour monsieur », et disparaît dans l'arrière-cour, au grand étonnement de l'homme d'Église.

Souvent, de retour du boulot, Philippe les trouve en pleine discussion. Les parents sont rassurés de les voir chez ce prêtre.

Au besoin de se réunir, ils associent bientôt celui d'avoir quelques sous pour financer des projets de loisirs.

Ils créent le J.A.L. (Jeunesse Activités Loisirs), une association loi 1901. Pour cela, ils ont besoin d'une personne majeure. Eux n'ont que seize ou dix-sept ans, et sont encore loin des 21 ans requis… Ils finissent par en trouver une : Bébert.

Certains rejoignent la J.O.C. (Jeunesse Ouvrière Chrétienne). Les idées fusent. Pourquoi ne pas récupérer les bouteilles pour les revendre au poids, à la verrerie du coin ? Les jeunes arpentent Vénissieux, munis de chariots, de poussettes, de brouettes, frappent aux portes, fouillent les poubelles… Certains habitants attendent leur passage.

Les bouteilles s'entassent dans la cave et dans le jardin des parents d'Henri, rue Jules Ferry.

Parmi elles, on trouve quelques pépites, celles gravées d'étoiles. Ces bouteilles consignées sont aussitôt portées au magasin en échange de quelques centimes.

Grâce à l'argent gagné, une quinzaine de jeunes, ceux de l'Avenue du Stade, un peu voyous, va pouvoir partir en Ardèche ! Ils prennent la route à vélo, Philippe les suit en voiture avec tentes et bagages.

À Thueyts, le pont du Diable reste un lieu dont l'attraction n'a jamais cessé. À leur tour, les jeunes citadins grimpent sur les rochers et plongent dans l'Ardèche, profitent enfin des joies de vacances, loin de la ville.

Dans l'église de Vénissieux, la chapelle de la Vierge a perdu tout son cachet. Cet édifice du XIIe siècle était la chapelle de l'ancien château disparu. De vieilles peintures marron ont recouvert les pierres des voûtes, c'est laid !

Usant des contacts dont il dispose par son métier, Philippe décide de rénover cette partie de l'église avec quelques jeunes. L'échafaudage est prêté par une entreprise, on se met au boulot… Avec Tayeb, un collègue de chantier, Philippe refait un autel tout simple, à l'ancienne, puis élève quelques moellons autour de la chapelle, pour créer une banquette.

Dans le groupe d'amis, chacun est libre de sa religion. Tous ne sont pas croyants. Peu à peu, ils se rapprochent d'autres bandes, comme celle de l'avenue du Stade, ou des jeunesses communistes. Yves, un prêtre-ouvrier de la paroisse anime un groupe de filles.

Vénissieux, ville ouvrière, est en pleine explosion démographique. Les pères de famille travaillent chez Rhône-Poulenc, Berliet, Sigma, Vénilia, fabricant de toiles cirées qu'on trouve sur toutes les tables de cuisine.

L'équipe de prêtres entretient de bons rapports avec le Secours populaire français créé par Paul Guilbert à Vénissieux. Paul a été membre du réseau de résistance de Guy Môquet pendant la guerre. Prêtre-ouvrier insoumis, interdit de ministère parce qu'il a refusé de quitter son travail en 1954, il ne peut plus exercer sa prêtrise en paroisse.

Forts de leur première expérience, les jeunes se dévouent pour que d'autres puissent partir en vacances. La camionnette du Secours sillonne les rues. Serge lance dans un mégaphone : « Pour le Noël des enfants pauvres de Vénissieux, soyez généreux ! ».

Un soir, sous un réverbère de l'ancienne gare, l'équipe aperçoit un gamin d'une douzaine d'années qui fait la manche dans le froid, en short et tee-shirt. Au volant, Philippe dit : « Vous voyez ce que je vois ?

– Ah, le gone ! Il neige, et il reste dehors comme ça ? Philippe, va le voir !

– Non, si j'y vais, il va prendre peur. Allez-y, vous… »

Le gamin s'appelle Jean-Bernard. Il ne se fait pas prier pour monter dans la camionnette. Aussitôt, il se met à haranguer la population avec les autres. Jean-Bernard est un gitan. Il a connu la roulotte tirée par un cheval nommé Bijou. Ses parents le couchaient dans la commode et fermaient le tiroir lorsqu'il pleurait trop. Il vit avec sa famille dans un chalet en bois tout pourri, sur un terrain vague. Sa petite sœur s'appelle Corinne, elle a trois ans.

Plus tard, dans les années 1970, la famille sera logée dans un H.L.M., aux Minguettes, et accédera pour la première fois à une salle de bain.

Un dimanche, jour de marché à Vénissieux, Corinne, qui maintenant a dix ans, vient aider un forain. Elle aperçoit des gens entrant dans l'église. Elle s'en approche, par curiosité…

Quelque temps après, j'ai reçu ce mot de sa part : « C'était dimanche. Des gens rentraient dans l'église, alors moi, j'ai regardé par la porte. C'était toi, tonton Philippe. Je l'ai vu à ta figure, car tu avais une robe blanche. Tu étais debout, et tu parlais à des gens assis (même pas polis !)

et quand tu parlais, ça faisait de la fumée. J'ai bien vu que tu avais froid ! Mais aussi, n'importe quoi ! tu avais juste une petite écharpe violette, même pas en laine ! ça m'a fait de la peine, parce que je t'aime. Alors, avec ma maman, je t'ai tricoté une vraie écharpe de laine, une bien longue pour t'entourer le cou deux ou trois fois pour ne pas avoir froid dans ton église même pas chauffée ! Je l'ai tricotée bleu, blanc, rouge, parce que tu as dit à mon papa que tu étais de la Mission de la France ! je l'ai tricotée pour pas que tu aies froid à l'église. Alors c'est pour ça : c'est mon cadeau ! Dimanche, j'ai onze ans ! viens à la maison ! » Corinne.
Je garderai toute ma vie cette écharpe-étole, et le lien avec cette famille.

Plus tard, en 1980, j'ai rendu visite à Antoinette, la maman de Corinne. Elle vivait ses dernières heures à l'hôpital de Vénissieux. Celle-ci a pointé un doigt vers le ciel en disant bien fort : « et Lui, là-haut, il a intérêt à se tenir à carreau. J'arrive ! » Elle est morte dans la nuit. Saint-Pierre a dû sourire !

Certains soirs, dans la salle du catéchisme, quelques bénévoles offrent de leur temps pour des cours d'alphabétisation. Une quinzaine d'ouvriers découvrent ou améliorent leur français après leur travail. Trirat Saad est de ceux-là, Philippe l'a remarqué avec ses yeux bleus d'homme de Kabylie.

« J'ai vécu à Vénissieux des années passionnantes, bourrées de vie d'amitié entre prêtres et avec des chrétiens, des communistes, des Arabes, des voyous, des mémés... Franchement, qui peut, comme un prêtre, connaître tout ce monde, avoir une telle richesse de liens fraternels, porter un tel poids d'humain ? »
L'amitié avec Bébert a continué, bien sûr. En prison à Saint-Paul pour « emprunt » de mobylette, je suis allé le voir tous les samedis au parloir en lui apportant le magazine « La vie », et quelques sous. Il m'écrivait chaque semaine de belles lettres que j'ai gardées. Sa formule habituelle était : « Je prie pour Dieu qu'on reste frères ».
Au sortir de prison, je l'ai fait embaucher dans l'entreprise de peinture où je travaillais. Et l'on est restés frères pendant 50 ans, jusqu'à sa mort.

Un jour, un jeune couple sonne avec insistance à la porte de la cure. En face, la grand-mère Vétard, centenaire, leur lance depuis sa fenêtre : « Arrêtez donc de sonner, ce n'est pas la peine, ils sont au boulot ! Revenez vers 6 heures. » De retour du travail, Philippe trouve le couple à la porte. « Nous voulons nous marier. J'espère que vous n'allez pas nous poser plein de conditions, comme à Lyon, où le prêtre nous refuse, parce que nous sommes déjà ensemble ! » s'énerve le jeune homme. Philippe répond : « Si, je vais vous poser une condition.

– Et voilà que ça recommence ! Quelle condition ?

– La condition est que vous vous aimiez. »

L'un et l'autre se regardent : « Bien sûr que nous nous aimons. Sinon, on ne serait pas là !

– Dans ce cas, entrez. »

Annie et Jean-Pierre deviendront de fidèles amis pour la vie.

La situation des prêtres-ouvriers change en 1965, après le concile Vatican II. Le 23 octobre de cette année, le pape Paul VI autorise à nouveau les prêtres à travailler dans les chantiers et les usines.

Alors, commence véritablement la vie de chantier pour Philippe. Les postes s'enchaînent. Il est tantôt peintre en bâtiment, tantôt maçon…

En 1970, le voici sur le chantier du pont sur la Saône à Lyon-Perrache, un énorme pont à quatre voies qui reliera la presqu'île lyonnaise au tunnel de Fourvière pour le passage de l'autoroute A7.

Son tablier est constitué d'un tissu de câbles tendus avec des vérins, enrobés de béton : c'est la précontrainte, technique utilisée pour les ponts et les échangeurs.

Malgré la rudesse du travail, un esprit de camaraderie règne. En contrebas sur le quai, près de sa barque, un homme fait le guet au cas où un ouvrier tombe à l'eau. Il attend, assis devant un feu. Les autres se moquent : « En voici un qui n'a pas grand-chose à faire pour être payé ! Il a chaud et ne fait rien ! »

Alors, certains décident de lui faire des misères. L'évacuation de la pissotière de chantier est négligemment orientée au-dessus de lui, et de temps en temps, un casque est jeté en bas, simulant la chute d'un ouvrier. Le malheureux saute dans sa barque et rame fort pour le rattraper, tandis que les maçons rient de bon cœur, en sécurité, sur le pont…

Un jour cependant, un ancrage de câble explose et c'est l'accident. Philippe reçoit un écrou dans l'œil, il est déséquilibré. Driss le retient instinctivement et le sauve de la chute.

Philippe entend l'agitation autour de lui et l'arrivée des pompiers. La douleur est supportable, mais il a la certitude que son œil droit est perdu. Dans l'ambulance qui l'emporte à Grange-Blanche, Driss est à ses côtés, parce qu'il a tenu à l'accompagner.

S'en suivent quelques semaines à l'hôpital et de nombreuses visites au blessé. Les collègues viennent, le casque sous le bras, au sortir du chantier, ou lorsque le camion passe à proximité.

Les jeunes de la J.O.C sont là également. Les premiers ont demandé aux religieuses : « Où peut-on trouver le père Philippe ?

– Qui appelez-vous le père Philippe ?

– Monsieur Plantevin…

– Mais pourquoi dites-vous "père" ?

– Parce que c'est un prêtre !

– Ah bon ?... »

Les religieuses se mettent en quatre pour lui !

Dans le lit d'à côté, un Pied-noir. Tous les soirs, vers 18 heures, celui-ci raconte « Les histoires du soldat La France ! », rendez-vous attendu par les malades des chambres voisines qui viennent l'écouter. L'homme invente ses récits au fil de la journée. La plupart se passent en Algérie. « Un jour, le soldat La France a été puni pour être sorti de la caserne à reculons, pour faire croire qu'il y rentrait… »

Philippe quitte l'hôpital. L'œil en moins lui ôte un peu le sens du relief. Il devra se méfier des chutes et s'habituer à un champ de vision réduit.

Désormais, la médecine du travail lui refuse l'accès aux travaux publics. Il est placé en base arrière, à la confection des câbles. C'est une déception pour lui qui se sent isolé de ses frères de chantier.

Contraint et forcé, il retourne à ses pinceaux comme peintre en bâtiment. Parce qu'il est soigneux et poli, on l'envoie chez les particuliers pour refaire une cuisine ou une salle de séjour. Un jour, une cliente l'interpelle : « J'ai peur la nuit, très peur…, mon mari est absent pour quelque temps. Pouvez-vous rester ici avec moi ? » Philippe lui explique qu'il est prêtre-ouvrier.

En Ardèche, l'entreprise familiale rencontre quelques problèmes.

Progressivement, on a vu arriver la soie artificielle, puis la rayonne et le voile tergal… L'industrie française du textile n'est plus ce qu'elle a été. Les usines de tissages compétitives sont désormais implantées en Tunisie, en Turquie ou en Chine, et produisent à des prix cassés. La famille est amenée à stopper l'activité. Durant 60 ans, elle aura fonctionné au rythme des allées et venues des ouvrières, appelées chaque matin par la sirène. Une page se tourne pour les usines des vallées ardéchoises.

Jusqu'au bout, François aura aimé son métier. Il garde en mémoire le nom des ouvrières qu'il a dirigées. Un jour dans la voiture, à côté de Philippe, il aperçoit et reconnaît un visage qu'il a longtemps vu à l'usine. C'est Jeanine, une ancienne ouvrière. Par la vitre, il lui envoie un bisou de la main. Une fois rentré chez lui, il reprend sa vie simple dans son jardin, auprès de ses poules et ses abeilles…

Tous les enfants ayant quitté la maison, Hélène se tourne naturellement vers les autres, et notamment les personnes âgées pour s'occuper de leurs paperasses. Elle fait partie de l'A.D.M.R. (Aide à Domicile en Milieu Rural) et sait rester discrète. Les anciens apprécient que ce soit madame Plantevin qui pose des questions sur la retraite ou les revenus. Avec elle, il n'y a pas de commérages et on lui fait entièrement confiance.

Avec une valise,
de chantier en chantier

Forte de l'autorisation retrouvée pour les prêtres de travailler, la Mission de France décide de créer une équipe « grands chantiers » et demande à Philippe de la rejoindre. S'y réuniraient des prêtres œuvrant dans le même secteur d'activité : maçons, peintres, électriciens, conducteurs d'engins, etc.

À Fos-sur-Mer, on construit un port immense, c'est l'occasion de mobiliser cette nouvelle équipe.

Philippe fait ses adieux à ses amis, ses collègues, aux jeunes qui pour beaucoup sont entrés dans la vie active… Il quitte Vénissieux.

Sur place, il est d'abord logé chez Manu, le curé du coin, à Port-de-Bouc, puis il obtient une chambre au foyer Sonacotra où il cohabite avec des Maghrébins, des Turcs et des Russes.

Mais avec un œil en moins, Philippe ne peut toujours pas accéder aux grands travaux. Il est contraint de reprendre son métier de peintre-vitrier... La plupart du temps, il se retrouve seul sur des chantiers payés à la tâche : plus le travail avance, plus le salaire augmente. Il s'épuise à équiper des immeubles neufs en vitres, sans grue ni ascenseur, dans lesquels il doit tout monter à la force des bras par des escaliers encombrés.

Heureusement, les week-ends sont une grande bouffée d'air. Il apprécie plus que tout la compagnie de ses collègues de la Mission de France, André, Michel, Charly, et plus tard Jean-Pierre, Arnaud, Jean-Michel, et de ceux du Prado, Pierre et Bernard avec qui il parle chantier...

Bien que sous le soleil du Sud, Philippe rêve de nouveaux horizons qui répondraient davantage à son désir de renouer avec les travaux publics. Il souhaite préparer un diplôme de mécanicien d'engins. On accède à sa demande parce qu'il a été victime d'un accident du travail.

Il intègre le Centre d'apprentissage du B.T.P. à Mallemort-de-Provence pour neuf mois, au sein d'une classe d'élèves beaucoup plus jeunes. Rapidement, on l'appelle P. P. Un jour, l'instructeur demande à un élève : « Pourquoi l'appelles-tu pépé ? Il n'est pas si vieux tout de même !

– Ce n'est pas parce qu'il est vieux, ce sont ses initiales sur la feuille de présence ! »

Philippe garde encore des relations d'amitié avec deux d'entre eux : Nicolas qui a perdu ses parents à l'âge de deux ans dans un accident de voiture, et Michel appelé « Le Grand » dont il a célébré le mariage en 1980.
Chaque année, ils se font signe.

Le nouveau diplômé se met en quête d'un emploi. Un ami lui parle d'un énorme chantier vers Bordeaux : la construction de la centrale nucléaire du Blayais… Peut-être y aurait-il sa place ? Cet ami, c'est Jean-Pierre, qu'il a uni à Annie à Vénissieux « à condition qu'ils s'aiment ».

Devant ce chantier d'envergure, l'évêque de Bordeaux a sollicité la Mission de France et le Prado : « Il s'ouvre ici un chantier gigantesque de 4 000 hommes. Si vous avez des prêtres-ouvriers compétents, il serait judicieux de les faire venir… ».

Philippe se présente à l'évêque, celui-ci l'oriente vers le chantier où il trouvera Jean-Claude, un prêtre du Prado qui y exerce déjà comme coffreur.

Philippe doit cependant se soumettre à une nouvelle visite médicale d'embauche. Il s'y rend, déterminé. Cette fois, pas question d'être recalé. Au moment crucial de vérification de la vision, le docteur lui demande de se cacher un œil et de lire les lettres. Puis de faire de même du côté droit... Philippe pose l'autre main sur le même œil.

La ruse n'a pas échappé au médecin qui en est presque amusé : « Refaites-moi ça... » Difficile de nier l'évidence. L'œil accidenté ne passe pas inaperçu, et le professionnel avait compris la situation dès le premier regard sur son patient.

Néanmoins, par ce geste Philippe lui a prouvé sa volonté de dépasser son handicap pour décrocher un poste. D'ailleurs, il a un argument convaincant : il est gaucher et conserve son œil gauche intact, donc il voit parfaitement son outil ! Le médecin accepte la démonstration, et Philippe est embauché comme OQ3 : ouvrier qualifié, 3e échelon.

Reste à trouver Jean-Claude, l'autre prêtre-ouvrier… L'évêque lui a dit : « il a une moustache », mais dans l'univers du béton, presque tout le monde porte la moustache !

Avant d'attaquer sa journée, Philippe a l'habitude de méditer les lectures du jour avec son missel. Parmi les hommes qui attendent l'ouverture du chantier, il marche en récitant à voix haute ces paroles : « les aveugles voient, les boiteux marchent, les lépreux sont guéris… » lorsque, soudain, il entend derrière lui : « Et, comme espérée, la Bonne Nouvelle est annoncée aux pauvres ». Oui, c'est Jean-Claude avec sa moustache et son sourire !

Les deux hommes se rencontrent presque quotidiennement, au travail, au syndicat, ou l'un chez l'autre. Jean-Claude est un gars merveilleux, plein d'humour, aimé de tous. Il est délégué syndical et harangue de temps en temps les ouvriers, mais toujours avec respect, y compris avec les patrons et les chefs de chantier.

Philippe profite de sa présence dans la région pour retrouver un ami de la guerre d'Algérie qui, au cours des longues marches, lui parlait de son village : Borrèze-par-Terrasson.

Un week-end, il se rend dans ce village, et demande à quelques passants s'ils connaîtraient René Lalbat. Apparemment, ce prénom ne dit rien à personne. Philippe insiste, sûr de lui. On commence à le regarder de travers. On finit par interpeller le maire. Il y a bien des Lalbat dans la commune, mais pas de René. Pour en avoir le cœur net, le petit groupe décide de consulter le registre d'état civil.

« En quelle année est-il né, dites-vous ?
– En 1937. Pas difficile, je suis de 1936, j'avais un an de sursis, il a un an de moins que moi. »

Très vite, le doigt du maire s'arrête sur un « René Claude Lalbat ». Les hommes se regardent, étonnés : « Mais c'est le Claude ! ».

Oui, bien sûr, il s'agit bien de la même personne... Mais le Claude, ou plutôt René, habite désormais Angers, où il s'est installé avec sa famille après un compagnonnage de tailleur de pierre. Les contacts sont pris. René envoie une photo à son vieux camarade d'Algérie où on le voit couvert du grand chapeau des compagnons, muni de la cape et de la canne... René rénovera des cathédrales et des châteaux puis deviendra maître chez les Compagnons du Tour de France et dans d'autres écoles. Les deux amis gardent le contact.

Sur le chantier du Blayais, le nouvel ouvrier retrouve casque et bottes. On l'a placé à une pompe à béton alimentée par des camions-toupies. Il se réjouit de renouer avec le milieu qu'il affectionne. Ce poste lui plaît particulièrement parce qu'il le mène en tous lieux sur ce chantier gigantesque, de sorte qu'il connaît « plein de monde ».

Pour le casse-croûte, on se met à l'abri dans un tuyau si large que les hommes peuvent se tenir debout. Depuis un moment, un ouvrier regarde Philippe. Il lance : « Toi le nouveau, quel est ton nom ?
– Plantevin.
– C'est dommage, j'ai connu quelqu'un à Vénissieux qui te ressemblait. Il s'appelait Philippe. »
Philippe fixe son interlocuteur et le reconnaît aussitôt : Trirat Saad ! C'est bien lui ! Les deux hommes se lèvent et s'embrassent devant des collègues algériens surpris et heureux.

Cela fait dix ans qu'ils ne se sont pas vus. Trirat était alors adolescent et il suivait les cours d'alphabétisation… Bien sûr, il a beaucoup changé depuis.

On se remet au travail. Les conditions sont dures, il faut tenir le choc. L'hiver, le froid saisit les pieds au fond des bottes, toujours au contact du béton mouillé. L'été, c'est la chaleur sur le casque !

C'est un peuple rude, d'où les faibles s'éliminent d'eux-mêmes. Au casse-croûte, c'est un pain entier qui disparaît. Il faut tenir au froid, car nous sommes des paysans sans terre soumis à tous les vents et sous la pluie ou le soleil, les pompes dégueulent le béton dans les coffrages, à raison de 1 000 mètres cubes par jour.

Mais parce que nous avons les deux bottes dans la boue, élément originel commun à tous les hommes, les paysans et les bergers des pays pauvres, c'est une tour de Babel que nous formons : Arabes, Portugais, Espagnols, Italiens, Turcs, Français. J'en profite pour trouver que beaucoup de chrétiens restent bien silencieux et bien lointains face à cette déportation économique à laquelle ils risquent de s'habituer. Le tiers-monde est chez nous et peu de portes s'ouvrent.

Beaucoup d'hommes gâchent leur vie en terre étrangère, coupés de leurs racines, et c'est leur drame. Je l'entends chaque jour : « Même chez moi, en Algérie, je suis un étranger et mon frère m'interdit de parler à mes enfants, parce que je ne les connais pas ».

Parfois à la pause, les hommes parlent de la guerre d'Algérie. Cette histoire commune les rapproche. Philippe sait quelques mots d'arabe et continue à apprendre. Très peu de ses collègues vivent en France en famille. La plupart retournent chaque année au bled pour un ou deux mois.

Au foyer Sonacotra où ils logent, on a transformé une pièce en salle de prière. Philippe s'y rend parfois et reste discret, au fond. Par solidarité, il jeûne le premier jour de Ramadan. Les compagnons musulmans apprécient.

Sur le chantier, peu de racisme, mais quelques tensions entre communautés. Les Arabes, les Turcs, les Portugais forment des tribus…

Cela n'empêche pas une classe ouvrière très consciente, et la grève qui éclate ramasse tous ces hommes différents sous le mot solidarité, sous la même revendication de dignité. Témoin, cette unique pancarte au portail bloqué du chantier : « On n'est pas des chiens ». Et chacun alors d'évoquer, autour des feux, sa grève dans le Loiret ou en Alsace et aussi sa guerre d'Algérie, symbole de libération. Si l'on n'a pas de terre fixe en Travaux publics, on a du moins une histoire.

Et puis, pour tout dire, c'est mon peuple : c'est là que j'ai mes amis : Jean-Claude, Tayeb, Saad, Manuel, Roger et les autres. On y parle fort, on étale peu de sentiments ; ce sont des amitiés à grosses moustaches, à la poignée de main redoutable, mais qui cachent une grande soif de tendresse. Quand Manuel et José du Portugal parlent entre eux, on pourrait croire, aux décibels émis, qu'ils se disputent. Mais non, ils en sont aux confidences sur le pays et sur leurs enfants.

Le prêtre-ouvrier n'a rien dit de sa vocation. Il vit comme tout le monde, sans faire de prosélytisme. Mais un dimanche, des Portugais le voient célébrer la messe à l'église du village. Un ingénieur l'a reconnu aussi. « Mais vous êtes le prêtre ? Que faites-vous là ? Vous n'y pensez pas ? » La nouvelle se propage aussitôt.

Un jour, un groupe d'Algériens observe Philippe. Celui-ci vient à eux : « Vous parlez de moi ?

– Oui, on disait "Philippe, il fait la prière".

– Vous ne m'avez jamais vu prier.

– Oui, mais ça se voit dans tes yeux. »

Certains s'interrogent : « Pourquoi un prêtre dans cet univers ? » D'autres, des pères de famille : « Pourquoi n'es-tu pas marié ? » Un homme confie : « Toi au moins, tu restes avec nous le soir. » Et ils mangent ensemble la soupe grise des célibataires.

Autant de questions qui souvent cachent : « Dis-nous ta foi ». Je pense à saint Jean-Baptiste qui a eu beaucoup de ces visites. Pas question de se comparer à un prophète, encore moins au plus grand, mais je l'aime avec son langage de Travaux publics : « aplanissez les collines, tracez une route droite pour le Seigneur ». Il y a un peu de Jean-Baptiste dans nos vies de prêtres-ouvriers. On est des prêtres de l'avent.

On veut parfois nous comparer à des moines. J'en suis heureux, car ils sont indispensables à l'église et même à la terre des hommes. Comme eux, nous nous levons à 3 heures du matin, nous revêtons la coule de ciré jaune, et allons-y pour « pluies et vents, bénissez le Seigneur, et vous les enfants des hommes, les prêtres du Seigneur, bénissez le Seigneur ». Je crois qu'en tout prêtre il y a un moine qui sommeille : cette soif de prière que l'action risque sans cesse de tromper. Alors dans le calme d'avant l'aube, je lance les litanies au rythme de ma pompe à béton. La vie est bourrée de Dieu et la prière éclate comme la colère à cause du mépris des hommes : « rompre les chaînes injustes, ne pas te dérober devant celui qui est ta propre chair... Alors ta lumière poindra comme l'aurore ». (Isaïe)

Au moment précis où le soleil pointe à l'horizon, tout le chantier s'arrête une minute, même les grues, pour regarder ce signe de vie commun à tous les humains.

Notre peuple est très loin de l'Église, il nous faut marcher à son pas, partager ses risques, ses espoirs, ses triomphes. Je ne me pose plus l'éternelle question de l'articulation entre vie professionnelle et ministère de prêtre. C'est tout un. Le travail que je fais ne détériore en rien le prêtre que je suis, au contraire !

Bientôt, Philippe devient représentant du personnel. Un matin, la neige commence à tomber. Pourtant, il est 4 heures, et les ouvriers sont à leur poste. L'un d'eux interpelle Philippe : « Tu es le délégué, tu vas demander le « temps pourri », en voulant parler des intempéries. Il est vrai qu'avec un froid pareil, on serait mieux chez soi.

Philippe va voir le chef et lui dit : « A - 5°, on ne peut pas couler le béton. À mon avis, il fait - 6° ».

Les deux hommes vont jeter un œil sur le thermomètre :

« Il fait - 6 °, confirme le délégué.

– Non, il fait - 4° », répond l'autre.

Le chef regarde à nouveau le niveau de mercure et précise : « À la rigueur, il fait - 5°. Donc, on stoppe le béton. »

Finalement, tout le monde est heureux de rentrer chez lui, parce qu'il a gagné le « temps pourri ».

D'autres mots font sourire : on élève le mur qui protégera les réacteurs. Le coulage n'en finit pas, c'est un mur énorme et long, antimissile, mais les bétonniers l'appellent : « le mur imbécile ».

À cause du bruit permanent, les ouvriers s'expriment beaucoup par gestes avec les grutiers ou les chauffeurs d'engins et de toupie. Deux doigts posés sur l'épaule signalent l'arrivée d'un chef.

Le directeur du chantier est un jeune ingénieur, sorti de l'école de Travaux publics. Il déplore les accidents qu'il juge trop nombreux, alors qu'il fait placarder des instructions sur tout le site pour alerter des dangers.

En réunion, les échanges sont vifs :

« Les ouvriers ne savent pas lire le français, fait observer Philippe.

– Monsieur Plantevin, que connaissez-vous aux accidents du travail ?

– Je connais les travaux publics depuis plus longtemps que vous. Celui-là, je ne l'ai pas perdu avec mon porte-plume, lâche-t-il en montrant son œil *(rire des autres délégués)*. On pourrait créer une école sur le chantier pour apprendre à lire aux ouvriers.

– Vous n'y pensez pas ?

– Je suis tout à fait sérieux. Les élèves viendraient par petits groupes pendant le travail, à tour de rôle. »

Philippe passe pour un rêveur, les syndicalistes se montrent dubitatifs, mais Jean-Claude, l'autre prêtre-ouvrier soutient l'idée. Quelques semaines plus tard, un camion spécial de l'Éducation nationale s'installe sur les lieux. Il s'ouvre, libère panneaux, planchers et bureaux et se transforme en une véritable salle de classe.

Philippe prend les inscriptions. Certains viennent spontanément à lui, vers sa pompe à béton, d'autres ne se croient pas assez intelligents. Il faut leur expliquer la différence entre instruction et intelligence. Ils finissent par accepter. Trirat Saad, l'ancien de Vénissieux, en profite pour se remettre à niveau.

Quelques mois plus tard, c'est une réussite. Les hommes savent lire les panneaux. Certains se laissent à espérer à une promotion, quand d'autres rêvent d'un retour au pays pour y créer leur propre entreprise. C'est le cas de Saad…

Un jour, Philippe voit venir à lui un ouvrier en casque et ciré jaune. À sa voix, il comprend qu'il s'agit d'une dame. C'est Colette, femme de ménage. Elle balaye le béton, un métier pénible, qu'elle exerce par tous les temps. Elle demande à Philippe : « C'est vrai que vous êtes prêtre ?

– Oui.

– Alors, il faut m'aider, parce que quand je suis au boulot, mes garçons font les imbéciles à Blaye ! Ils crèvent les roues des voitures... On me les a mis à la D.D.A.S.S. (Direction Départementale des Affaires Sanitaires et Sociales). Quand pouvez-vous venir ?

– Ce soir.

– Très bien, venez ce soir... »

C'est vendredi. Arnaud, le fils de Colette, arrive à l'instant d'une semaine à la D.D.A.S.S. pour passer le week-end chez sa mère.

Le soir à table, Philippe discute avec lui. Le jeune homme parle d'un autre Philippe, un copain sans famille avec qui il s'entend bien.

Un jour, Arnaud rentre avec ce Philippe qui s'ennuie beaucoup tout seul dans ces grands bâtiments de l'Assistance. « On est les enfants de la Mère-DDASS ! » comme ils disent...

En 1980, le chantier touche à sa fin. Il est question de départ. Beaucoup reçoivent une offre pour aller construire la centrale de Cattenom, sur le bord de la Moselle, en Lorraine.

Nous sommes tous des migrants, des gitans, comme nous disons entre nous, des hommes à la valise de chantier en chantier, et sans faire appel aussitôt à Abraham, il se trouve que nous constituons un peuple à part, sans attaches locales ni à une commune ni à une paroisse, institutions stables entre toutes, qui nous ignorent souvent parce que gens du voyage. Sans compter la méfiance que nous soulevons dans certains coins ruraux envahis soudain par ces centaines d'étrangers.

Un jour, Philippe reçoit une lettre de la Mission de France de Fontenay-sous-Bois. Jean-Marie, le supérieur du séminaire, doit passer la main après dix ans de responsabilités.

Pourquoi pas ? Philippe sait que la construction de la centrale est bientôt finie et cette nouvelle mission lui conviendrait bien. Souvent d'ailleurs, il est allé parler de la Mission de France aux jeunes qui se préparent à être prêtre. Il se pourrait bien qu'il croise là-bas des gens qu'il connaît déjà…

Philippe part pour Paris, la boue aux bottes et la marque du casque au front.

Fontenay-sous-Bois

À la direction du séminaire et à la demande de Philippe, on lui associe Marcel, docteur en théologie, mieux préparé pour guider les séminaristes dans leurs études.

Au séminaire, on n'y dort pas. Les élèves logent en ville dans des appartements qu'ils occupent à plusieurs.
Chacun fait ses courses dans son quartier, et connaît ses voisins. Les séminaristes vivent parmi les gens, comme le suggérait Madeleine Delbrêl, celle qui a écrit le livre « Nous autres, gens des rues », dans lequel elle expose que l'Église doit quitter ses cures, ses presbytères.
On se retrouve une fois par semaine pour célébrer la messe et échanger. Philippe explique l'esprit de la Mission de France. Un jour, il dit : « Que celui qui est médecin devienne infirmier, que celui qui est patron d'une entreprise de transport devienne chauffeur de poids lourd… que

celui qui est chef de gare devienne simple cheminot… Toute ressemblance avec une personne existante serait fortuite, bien sûr ! » Dans l'assistance, un médecin, un directeur d'entreprise de transport et un chef de gare… Philippe aperçoit des sourires sur les visages. Tous comprennent ses paroles : les études sont une chose, le terrain une autre. Eux aussi doivent s'enrichir d'expériences humaines.

Dans le cadre de sa mission, le nouveau directeur décolle pour la Tanzanie, pour rendre visite à l'équipe des jeunes prêtres, agriculteurs. C'est son baptême de l'air. Le pilote annonce le survol du Kilimandjaro (5 895 m), les passagers aperçoivent la neige par les hublots. La beauté du paysage est à couper le souffle.

Là-bas, les prêtres tentent de promouvoir le labourage avec des bœufs, ce qui n'est pas facile, car ces animaux sont une richesse et les paysans hésitent à les faire travailler. De peur de les abîmer, ils préfèrent utiliser la houe…

Un jour, Philippe s'adresse à un jeune d'une douzaine d'années et lui dit : « Dans mon pays, en France, les vaches n'ont pas de bosse. » Le garçon le regarde et lui répond en Kiswahili : « Menteur ! » Les collègues rient : « Il t'a traité de menteur ! ».

Plus tard, Jean-Marie, un des prêtres lui demande d'aller au champ, tout à côté, pour y ramasser des cacahouètes. Philippe revient peu après, le panier vide, avec ces mots : « cette année, la récolte est nulle ». Devant les rires, il apprend que le fruit de l'arachide pousse sous terre, comme les patates, et n'est donc pas visible sur la plante...

À peine rentré à Fontenay, on vient lui annoncer que deux jeunes l'attendent. Interrogation... « De quel quartier de Paris ?

– Ils ne sont pas de Paris, mais de Bordeaux... »

Sûr et certain, il s'agit d'Arnaud et de Philippe Junior, les deux garçons de la D.D.A.S.S. rencontrés à Blaye, chez Colette. En fugue, on n'avait plus de traces d'eux depuis un an.

En effet, ce sont bien eux. Ils ont vécu tout ce temps de rapines, logeant dans les 2 CV faciles à ouvrir avec leur hayon en toile. Fatigués, tenaillés par la faim, ils sont arrivés à Fontenay en auto-stop, parce qu'ils savaient où trouver Philippe.

Les retrouvailles sont joyeuses, mais la dure réalité abrège les réjouissances. « Vous êtes mineurs, je dois avertir la D.D.A.S.S. que vous êtes ici. » C'est un torrent de protestations. « Quoi ? Tu vas nous faire ça ? Après un an de galère, tu vas nous trahir ? On va nous mettre en prison… »

Il le faut pourtant. Philippe décroche le combiné sous les yeux tristes des deux garçons. À l'autre bout du fil, une voix sarcastique commente la nouvelle : « Ah, on savait bien que la faim ferait sortir les loups du bois… ».

Philippe propose à son interlocuteur de s'occuper d'eux quelques jours, avant de les ramener à Bordeaux. L'accord est donné. Tout le monde peut souffler quelques heures.

Dès le lendemain cependant, un appel de la D.D.A.S.S. ravive l'anxiété de la veille.

« Vous m'aviez laissé quelques jours…
– Non, non ! Vous n'y êtes pas monsieur Plantevin, je viens vous dire que nous avons décidé de vous confier la garde d'Arnaud et Philippe. Seriez-vous d'accord ? »

À l'autre bout du fil, la voix insiste : « Vous serez officiellement « gardien » de ces deux jeunes, vous recevrez des allocations comme la vêture, vous ne serez pas abandonné... »

Devant l'hésitation de Philippe, ses collègues l'encouragent : « Tout ce qui tombe du ciel est béni, tu prends ! »

On appelle les deux ados. Ils traînent au jardin, malheureux comme les pierres. Philippe leur annonce : « Je viens d'avoir la D.D.AS.S. au téléphone, j'ai le droit de vous garder toujours ! » C'est l'explosion de joie et la danse folle sur la pelouse !

Arnaud a dix-sept ans, Philippe junior seize. Pour tous les trois, c'est une nouvelle vie qui commence. En attendant mieux, les deux gamins sont employés aux cuisines du séminaire pour mettre la table, aider au service et faire la vaisselle.

Philippe trouve un appartement. Arnaud décroche un travail dans un restaurant, il aime ça, tandis que Philippe junior est accepté dans une école pour devenir cuisinier. Tous les deux rentrent à la maison le soir. Ils ont leur clé... pour la première fois : ils sont chez eux !

Depuis ce grand jour, il ne sera plus question de bêtises. Et Arnaud d'affirmer bien plus tard à son père « adoptif » : « Sans toi, nous serions restés de pauvres petites choses de la Mère-DDASS ! »

1984, Pigalle

Dans les années soixante, sous l'impulsion du père Pinsard de la paroisse de Montmartre, s'était créé à Pigalle, tout près du Moulin rouge, un café destiné à accueillir les prostituées. Sa démarche avait été de dire : « Que fait l'Église pour ces gens-là ? On dit que le Christ recevait les prostituées, il leur parlait avec respect... On n'a pas le droit de rester sans rien faire. » Ainsi il avait ouvert le « bar du curé », ou bar Siloé[1].

La Mission de France est sollicitée pour apporter quelques moyens et une écoute à cette population fragile. Encore une fois, on fait appel à Philippe. Le voici dans les rues, « à faire le trottoir » pour entrer en dialogue avec ce public marginal ; des gens

---

1 - Le bassin de Siloé est le bassin d'Ézéchias, et l'endroit où Jésus envoya se laver l'aveugle de naissance qu'il guérit dans l'Évangile selon Jean. Ce bar a fermé en 2002.

de tout bord, souvent pauvres et abandonnés de leur famille.

« Ne me prends pas pour un client, prévient-il, je suis le prêtre du bar Siloé. Si tu veux, quand tu craques, tu viens me voir à partir de 18 heures. »

Philippe se défend d'être un éducateur. Il écoute sans jugement ces hommes et femmes, des Français, des ressortissants des pays de l'Est ou d'Afrique… Ils passent quand ils ont le cafard, ou parce qu'ils ont une confidence à faire. Alors, dans le petit bureau du premier étage, ils vident leur sac, sans peur d'être entendus par les clients du bar.

Hommes, femmes, ce sont des gens vrais qui se livrent. Ils ne font pas de cinéma. Ils sont soulagés de pouvoir dire : « Voilà ma vie, voilà pourquoi je fais le trottoir, c'est mon travail pour vivre. » Souvent, les mêmes refrains reviennent : « Ma famille m'a abandonnée… ma maman préférait ma petite sœur à moi… alors j'ai quitté la maison. Quand j'ai voulu revenir, on m'a foutue dehors… »

J'ai vu, j'ai écouté… Martine, femme homosexuelle, toute en larme, parce que sa petite voisine Cristelle, treize ans, a tenté de se suicider en se coupant les veines…

Patrice, grave accident de moto, quinze jours de coma. Un an d'hôpital et de convalescence.

Claude, trouvé endormi au bar... Je l'ai emmené aux urgences à Lariboisière... Daniel, 15 ans de drogue, ou Michel qui travaille sur le terre-plein...

Dans ce cadre sécurisant, ils n'auront parlé que quelques minutes... Les prostitués ne peuvent pas s'éterniser, car ils restent sous surveillance. La plupart s'en défendent, prétendant bosser à leur compte, mais Philippe n'est pas dupe et sait bien que les maquereaux attendent, tout proche, pour récupérer l'argent.

Cette mission ne dure que six mois. Philippe l'aurait bien poursuivie, mais on l'appelle à Fos-sur-Mer. De son passage à Pigalle, il garde quelques noms et numéros de téléphone, notamment celui de Dominique, dix-huit ans. Ses parents l'ont foutue à la porte quand elle en avait quatorze. Elle a navigué de foyer en foyer, puis elle s'est prostituée. Mariée, elle a eu un fils qu'on lui a enlevé, parce que son mari l'a remise au trottoir.

Philippe conserve aussi beaucoup de courriers des personnes qu'il a écoutées. Il les range dans un gros classeur au dos duquel il a écrit :

MES AMIS
MES AMOURS
MES EMMERDES

Fos-sur-Mer, le foyer des marins

La « Mission de la Mer » est implantée à Marseille depuis longtemps. Des prêtres marins de la Mission de France ainsi que des Jésuites en font partie. Mais à Fos-sur-Mer, extension toute nouvelle du port de Marseille, rien… sauf Ambroise et Jacques, deux prêtres qui travaillent sur les bateaux à quai.

Il y a peu, un prêtre anglican, le révérend Bill Down, revenant d'Australie sur un porte-conteneurs britannique, a fait escale à Fos et s'est plaint : « C'est l'horreur, il n'y a aucun accueil pour les marins dans ce port immense et loin de tout ! »

Il a aussitôt contacté les évêques de Marseille et d'Aix-en-Provence pour leur exprimer sa stupeur. À Fos, après le désert de la mer, c'est le désert du port !

« On va voir… », a-t-on répondu au prêtre de la *Mission to seamen* de l'Église anglicane…

Alors, on a recherché les profils adéquats, des gens capables. On a fait jouer les relations, ouvert les annuaires. L'index a glissé sur des noms et s'est arrêté sur Philippe Plantevin. Ce gars a tout fait… Son CV en témoigne. L'altérité, il connaît. C'est un habitué de l'étranger jusqu'à en faire le moteur de son existence. Cerise sur le gâteau, il parle anglais !

On l'appelle, vantant le projet et l'urgence absolue d'agir. « Il n'y a rien sur place, tout est à construire ! » Philippe calme l'enthousiasme : « Je ne connais rien à la marine, moi !

– Oui, mais tu parles anglais. »

Pour lui, c'est un nouveau départ. Après une quinzaine de jours passés au foyer des marins de Dunkerque pour se faire une idée de sa future mission et des besoins qu'elle requiert, Philippe quitte Fontenay avec Philippe Junior, tandis qu'Arnaud rejoint sa mère à Blaye. On laisse l'appartement de Fontenay-sous-Bois avec tous ses meubles à d'autres prêtres-ouvriers. De toute façon, le mobilier n'était pas du Louis XV, mais plutôt style Louis Caisse.

Dans le Midi, les deux Philippe sont logés à Gignac, à une vingtaine de kilomètres de Fos, chez Octave, un prêtre-ouvrier de la chimie à la retraite.

Sur le port, c'est la découverte. Les porte-conteneurs sillonnent le monde, avec des escales très courtes. Certains viennent de Shanghai ou du Japon. Des minéraliers arrivent d'Australie avec du charbon, du manganèse, de la bauxite. D'énormes pétroliers alimentent les raffineries de Lavera et de Fos-sur-Mer, puis l'Europe par les gazoducs... Au pied des mastodontes, on comprend vite que la mer, c'est autre chose que la baignade et la voile.

Cheville ouvrière de cette activité : les marins. Venant du monde entier, souvent de très loin, ils embarquent pour neuf mois, parfois une année.

Philippe se rend à Fos tous les jours. Il monte sur les bateaux par l'échelle de coupée, à la rencontre des équipages, comme il l'a vu faire à Dunkerque. Il se présente comme « Father », « Père », car les marins sont habitués à ces visites, et l'accueillent volontiers.

On se serre la main et on discute. Immanquablement, les marins finissent par demander : « Où est ta maison ? Où peut-on se rencontrer ? » Dans tous les grands ports du monde, il existe une maison des marins, un lieu où ils reprennent pied sur la terre ferme après des mois prisonniers sur l'eau, sans contact avec le reste du monde… « Pas encore de maison, répond Philippe, mais bientôt. »

En 1985, copiant les statuts de Dunkerque, l'association « Les Amis des Marins » voit le jour. Ambroise, Hervé, Roland, Jacques et Philippe font partie de cette équipe de la Mission de la mer de Marseille. Une poignée de chrétiens de Martigues, Port-de-Bouc, Fos se portent volontaires pour l'accueil. Parmi eux, Jacques et Mado, René et Cécile, Jacques et Cécile, Louis, Guy, Jean, Myriam, Jean-François, Ken, Susan, Thérèse, et bien d'autres… Philippe dirige l'association et devient prêtre-aumônier du port. Il est payé par les diocèses d'Aix-en-Provence et de Marseille, puis par le Comité catholique contre la faim et le développement.

Lancer cette association, c'était un acte de foi ! Nous n'avions pas de maison, mais nous visitions les bateaux. On emmenait quelques marins dans nos voitures, on traînait dans Martigues, la nuit, de bar en bar, pour fraterniser avec eux : Coréens, Philippins, Indiens, Russes…

Ou bien encore, deux ou trois hommes d'équipage étaient reçus dans une des familles de l'association.

De jour en jour, de semaine en semaine, le besoin grandit d'un lieu adéquat où les marins pourraient trouver un accueil chaleureux à terre, mais aussi un endroit qui les éloignerait des mauvais quartiers. Les marins se sentent perdus en mer, ils ne doivent pas se sentir perdus lorsqu'ils débarquent.

« Comme un oiseau loin de son nid, ainsi l'homme loin de son pays », dit le livre des Proverbes de la Bible qui rappelle une situation de toujours : le voyage, l'immigration ou l'exil… Les marins se rattachent à cette catégorie de travailleurs en perpétuel déplacement. Depuis les psaumes des déportés de Babylone, jusqu'aux complaintes bretonnes ou coréennes, s'expriment le

mal du pays et l'attente du retour à la maison. Éloignement de la famille pour un an, insécurité de la mer font de la marine un métier dur à l'homme.

Pour faire avancer le projet, Philippe se paie l'audace d'aller à Paris, place de Fontenoy au ministère de la Marine où il est reçu bien qu'il n'ait pas rendez-vous. Après avoir écouté le problème avec attention, le haut fonctionnaire téléphone devant Philippe à l'Administrateur des Affaires maritimes en Méditerranée, Alain C., qui use de son autorité auprès des agences maritimes du port de Marseille-Fos pour qu'elles participent au financement du projet de foyer.

Des liens quotidiens sont aussi créés avec la capitainerie du port, où d'ailleurs Philippe peut suivre des cours d'anglais maritime, avec les officiers et les pilotes…

Un jour, en sortant de chez le coiffeur à Port-de-Bouc, Philippe se regarde machinalement dans la vitrine de la maison d'en face. Là, il aperçoit un écriteau : « Maison à vendre ou à louer ». Il lève la tête et observe le bâtiment avec ses yeux de professionnel : certes, la maison est en très mauvais état, mais elle est grande et elle a un jardin… « Pas mal du tout ! »

Les travaux, il en fait son affaire, mais encore faut-il que l'emplacement convienne… Hervé, prêtre marin, premier président de l'association, répond : « Pourquoi pas, puisqu'elle se situe entre les deux principaux ports de Fos-sur-Mer et Lavéra ? ».

La maison est louée à bas prix à condition qu'on la répare. Un appel est lancé pour les travaux. Plusieurs amis et prêtres-ouvriers acceptent de donner un coup de main : maçon, plâtrier, carreleur, électricien, soudeur… L'important est de faire un lieu propre et accueillant.

Après quelques mois de travaux, les marins découvrent le lieu avec enthousiasme. Beaucoup rapportent de leur cabine des objets qu'ils déposent là, en souvenir de leur passage : un tableau, une bouée… et les objets prennent place un à un. Peu à peu, le lieu se colore, les hommes décorent ce nid qu'ils ont adopté comme leur maison, en faisant des dessins ou sculptures de leur bateau. Le confort semble totalement atteint lorsqu'un généreux donateur fournit un billard.

Désormais, les marins au long cours savent dès leur arrivée qu'ils peuvent se rendre au « Seafarers Centre ». Des bénévoles et de jeunes stagiaires de l'Église anglicane sont présents pour les accueillir. C'est alors la terre entière qui accoste à Port-de-Bouc : les Philippines, la Turquie, la Grèce, les îles Kiribati, la Corée, la Chine, l'Italie, l'Espagne, l'Afrique, l'Amérique… Sur la grande carte du monde affichée au mur, chacun colle une gommette pour indiquer son pays. Ce sont bientôt des centaines de points qui font étinceler les continents comme des lumières de phares éclairant les hommes. On devient imbattable sur la géographie du globe.

Pour communiquer, c'est difficile, une véritable tour de Babel. Si certains marins apprennent l'anglais à l'école, comme les Indiens et les Philippins, d'autres n'en parlent que quelques mots, ce qui crée des tensions dans un équipage de plusieurs origines, mais ces tensions tombent autour du bar ou devant le feu de la cheminée. Certains se mettent pieds nus dans l'herbe du jardin près du vieux figuier. Ce contact direct avec la terre est primordial lorsqu'on vit tous les jours sur l'acier.

J'ai toujours vécu mon ministère au milieu d'étrangers. Ce n'est pas un hasard, mais un choix mûri. Ce choix a fait que pendant vingt-cinq ans, je n'ai pas compris la moitié de ce qui s'est dit autour de moi. Jamais pourtant je n'ai été absent de la conversation, devinant des mots et finalement participant au dialogue par les yeux, les gestes, et l'on m'a toujours rendu cette attention. Et, comme on me connaissait comme chrétien et prêtre, cette sympathie allait à l'Église.

Comme a dit Zénon d'Élée en 450 av. J.-C. : « Si la nature nous a donné deux oreilles et une seule bouche, c'est pour écouter deux fois avant de parler. »

Je retrouve dans la Bible toute parole sur l'écoute comme dit le jeune Samuel : « Parle Seigneur, ton serviteur écoute. » De ces années de dialogue silencieux, je retiens : qu'il faut commencer par le respect ; que l'amitié peut naître sans discours, du moment qu'il y a des gestes, des regards, des sourires ; qu'avec l'absence d'un langage facile, on parle de l'essentiel, du travail bien sûr (seule valeur reconnue aux étrangers), mais aussi du village, de la famille, des gosses surtout, de la vie et de la mort, et de Dieu, souvent. Les croyants se repèrent entre eux. Avec les marins passe le même courant.

Je retiens aussi qu'il est bon que des prêtres et des chrétiens soient maladroits dans leur langage comme Moïse à la « langue lourde » et Jérémie qui « ne savait pas parler ». On devient plus facilement frère des étrangers quand on est comme eux, maladroits. Avec les marins, il y a cette fraternité de faiblesse.

Pour joindre la famille, trois cabines téléphoniques ont été installées. Mais elles tombent souvent en panne parce que les marins y insèrent la monnaie de tous les pays ! Les premiers arrivés les prennent d'assaut. D'autres s'attellent à leurs papiers et envoient de l'argent chez eux par mandats internationaux.

À côté, ça s'anime. Les uns racontent leur vie au pays, parlent de leur famille, d'autres de leur métier. Certains sont apprentis pour devenir machiniste ou s'occuper de la radio. Des amitiés se créent. On entend déjà les premiers sons de guitare. Les Philippins entonnent un air. Ils chantent comme ils respirent. À mesure qu'on avance dans la soirée, les chansons s'enchaînent, ne semblent jamais vouloir s'essouffler. Bientôt, le foyer entier n'est plus que musique, un concert d'hommes en communion, car bien des chants sont connus du monde entier, surtout ceux de Noël.

Au fil des arrivées et des départs, le livre d'or se remplit. Ce sont des mots simples, dans toutes les langues, des mercis, des bravos, des amitiés à tour de bras. Tous sont touchants, parce chargés de sincérité.

Par exemple, celui de A.-B. Samy Hussein, marin égyptien : « Au nom de Dieu le miséricordieux ! Qu'est-ce que je peux dire ? Il y a trop de choses que je voudrais dire : mes émotions et sentiments envers vous sont très profonds. J'ai essayé dans ma cabine et j'ai pris deux feuilles... Même mes mots ne peuvent expliquer ce qui se vit en moi. Donc, je parlerai brièvement autant que je peux, mais croyez-moi, il n'y a aucune hypocrisie en cela.

Ici, j'ai trouvé de braves gens avec dans leur cœur de l'espoir pour aider les marins... Ces gens se sentent heureux quand ils font ça, ils souhaitent trouver quelqu'un qui leur demande de l'aide afin de l'aider. Ici, j'ai parlé longuement avec mes compagnons marins de beaucoup de nationalités. Quel grand plaisir j'ai trouvé à cela ! J'ai connu et reconnu quelques-uns que je ne pourrai jamais oublier. J'ai senti la solidarité et l'unité avec tous mes compagnons marins. D'abord, j'ai senti que nous sommes un peuple des humains, tous des frères entre nous. Ensuite, j'ai senti que nous étions tous des marins. Monsieur Philippe, Dieu te bénisse, je ne peux pas t'oublier. Tu es miséricordieux, tu es mon père. Sami, Égyptien. »

La première année de fonctionnement est un succès. Le devenir de cette maison, qui autrefois avait hébergé une droguerie, puis un bordel, avait inquiété le quartier. Au début, certains riverains avaient manifesté leur mécontentement par des visages fermés, presque méprisants. L'un d'eux n'a pas décoléré pendant plusieurs mois. Ce n'était pourtant pas faute de le saluer. Mais les bonjours restaient sans réponse.

Un jour, ce voisin s'explique : « Bonjour Philippe, tu vois je connais ton nom… Je voulais m'excuser. Je pensais que l'installation du foyer ici allait mettre le bazar ! Je croyais qu'on aurait du bruit toute la nuit, qu'il y aurait des filles, qu'on allait nous voler. Finalement, rien de tout cela. Alors, devenons amis ».

Avec l'arrivée toujours plus massive de marins, les besoins ne cessent d'augmenter. Pour obtenir des fonds, il faut prendre son bâton de pèlerin et démarcher les agences maritimes.
Philippe et un groupe de bénévoles négocient. Pourquoi ne pas réclamer une petite partie des frais d'escale ? Pour un navire, le coût d'un arrêt au port est énorme, car avant d'atteindre le quai, d'importantes manœuvres de remorqueurs sont nécessaires… Pour cela, les armateurs paient des sommes considérables.

Fort de son succès, et de l'écoute attentive de nombreux acteurs du trafic maritime qui ont répondu par une aide financière, le foyer se transforme en 1989, quatre ans après son ouverture.
On double la surface du local en aménageant des bureaux à l'étage et en agrandissant la salle d'accueil du rez-de-chaussée. C'est la princesse Anne d'Angleterre elle-même, présidente de la « Mission to Seamen » anglicane qui vient inaugurer ces nouveaux locaux, car elle avait personnellement participé à l'appel

de fonds. Sont présents aussi le député-maire de Port-de-Bouc et l'archevêque d'Aix-en-Provence.

On crée un petit lieu de silence où les marins de toutes religions recopient une prière sur le livre d'or ou sur un galet trouvé sur la plage. Il y en a des centaines, écrits dans toutes les langues.

Au fil des années, les besoins vont croissant. Bientôt des minibus à neuf places font la navette entre le port et le foyer. « What time ? » est la question qui revient sans cesse : à quelle heure arrive le bus sur le quai ? Les allers-retours se succèdent, jusqu'à représenter 300 kilomètres par soirée.

Mais l'accueil et ce relatif confort contrastent parfois avec la dure réalité du port. Tous les navires ne sont pas en état de naviguer. Un jour, un bateau est saisi par les Affaires maritimes, parce qu'il ne correspond pas aux normes internationales. Épave flottante, on le maintient à quai, condamnant son équipage à l'immobilité. Vingt marins de plusieurs pays restent là des semaines et des mois durant. Ils viennent au foyer tous les jours, et participent aux travaux d'entretien.

Les hommes sont sans ressources, littéralement contraints à la famine, puisque leur armateur en faillite ne peut pas leur fournir un billet retour. Sans le foyer, les matelots mourraient de faim : quotidiennement, un repas de midi leur est servi. Comment rapatrier ces personnes dans leurs différents pays ? Les bénévoles œuvrent pour les sortir de cet enfer. À force de négociations et d'appels à l'aide, les marins peuvent enfin repartir et le bateau est envoyé à la casse.

Philippe en a vu des épaves flottantes. Un jour, des Philippins lui demandent de venir bénir leur petit navire : « Demain matin dimanche, on fera la messe… » Lorsque Philippe arrive, il se trouve face à une ruine, un paquet de rouille. Il dit : « I can't bless your ship… Je ne peux pas bénir votre bateau, car bénir signifie "dire du bien", et le vôtre est pourri, rotten, tout rouillé ! »

Tout l'équipage acquiesce de la tête. À l'écart, le capitaine grec ne bouge pas. À la fin de la messe, il s'approche de Philippe pour le remercier. Le bateau repart, mais il sera immobilisé en Grèce quelques jours plus tard.

Si en douze ans d'immersion Philippe en est presque arrivé à confondre sa vie avec celles des marins, des événements familiaux le rappellent régulièrement à ses origines et à sa propre existence. Ainsi, en quelques années, il voit disparaître plusieurs personnes chères à son cœur.

C'est d'abord son père en 1987, François Plantevin, patron de l'usine de tissage, très apprécié de la population. Lors des funérailles, l'église est pleine à craquer, il y a du monde jusque dans la rue.

Le château de Thueyts devenant impossible à entretenir pour Hélène, il est vendu à la ville qui le transformera pour y implanter le siège de la communauté de communes « Ardèche des sources et volcans ». François l'avait souhaité en disant un jour : « il faut que le château reste à la commune. »

Hélène s'est installée juste en face, dans un appartement. Elle meurt à son tour en mars 1995, dans des circonstances tragiques. Elle qui n'avait cessé de parcourir les chemins ardéchois pour venir en aide aux personnes âgées s'est perdue dans la montagne. Malgré des recherches insistantes de tout le pays, ce n'est qu'un mois plus tard qu'un bûcheron découvrira son corps.

Nous partageons la paix de l'avoir retrouvée, de l'autre côté de la montagne, avec les fleurs du printemps sur elle, étendue, intacte, juste avant la pluie froide, comme protégée du ciel.

C'est à Philippe qu'il est revenu de célébrer les funérailles de ses parents. À la même époque, il pleure aussi le départ de Dominique et Pierre qu'il avait connu à Pigalle. Elle était prostituée, lui était un enfant de la D.D.A.S.S. Philippe les avait pris sous son aile et les avait installés dans une caravane achetée d'occasion. L'un et l'autre ont été emportés par le SIDA dans les années 1990. Philippe se souvient des obsèques de Dominique, une fille formidable, rayonnante.

L'église était pleine, et à ma grande surprise la foule à l'unisson s'est mise à chanter sur le disque de « La Prière » de Francis Jammes, rendue célèbre par Georges Brassens : « Par le petit garçon qui meurt près de sa mère / Tandis que des enfants s'amusent au parterre / Et par l'oiseau blessé qui ne sait pas comment / Son aile tout à coup s'ensanglante et descend / Par la soif et la faim et le délire ardent / par la femme humiliée / Je vous salue, Marie. » Thierry, le fils de Dominique était présent.

En 2000, alors que sa retraite professionnelle a sonné, Philippe s'envole pour les Philippines, plus précisément pour Cebu, une des 7 000 îles du pays. Il vient remplacer Roland qui doit rentrer en France pour quelques mois. Là-bas, ce prêtre jésuite navigant a fondé une sorte de Maison pour apprentis marins. Depuis quinze ans, Philippe a rencontré des centaines de Philippins. Peut-être y croisera-t-il quelqu'un qu'il connaît ? Ce sera le cas plusieurs fois, en effet.

Une dizaine d'étudiants marins logent dans ce foyer. La maison a été construite avec des conteneurs posés les uns à côté des autres. On a découpé dans la tôle l'emplacement des fenêtres et des portes. Chaque conteneur correspond à une pièce. Ainsi, découvre-t-on un conteneur-cuisine, deux conteneurs-séjour et un conteneur-église… À l'étage, plusieurs conteneurs chambres… Très ingénieux !

Avec le mois de juin, arrive la saison des pluies. Après des mois sans eaux, les premières gouttes tombent enfin. Philippe assiste à la joie des premières heures.

Il faut voir ça ! Les gosses rient sous la pluie, prennent des douches avec l'eau qui tombe des toitures en tôle.

Conteneurs et douches improvisées reflètent la misère et les bidonvilles, et Philippe comprend pourquoi tant de Philippins s'expatrient pour travailler et faire vivre leur famille.

Vitrolles

Philippe est retraité, mais il trouve des occupations sans peine, tant les besoins restent nombreux. À Aix-en-Provence, il est nommé délégué diocésain aux migrants, aux réfugiés, et aux sans-papiers par l'évêque Bernard P.

Il est accueilli par des religieuses en civil fort sympathiques qui frappent à la porte de la mairie de Vitrolles pour plaider sa cause. Un appartement se libère dans leur quartier populaire. Quittant l'équipe de la Mission de la mer, il fait maintenant partie des « Deux rives », l'équipe de la Mission de France en lien avec les prêtres de la Mission de France en Algérie.

Depuis longtemps déjà, un groupe de bénévoles œuvre au soutien des populations en difficulté de la région : des Roms, des migrants, des saisonniers venus du Maroc, de Tunisie, ou du Portugal…

Je découvre le Christ avec des humains vrais. À 67 ans, après 40 ans de prêtrise, c'est toujours mon fil rouge. Je souhaite le dire, si possible, en partageant « à la joie, à la peine » la vie des gens d'origine étrangère. Des joies, il y en a, mais je sais que je ne connaîtrai jamais leur peine. Je l'entends comme une complainte : « Les enfants, la femme... la maison sur le terrain : un trou, c'est tout... » Et ils expliquent : « En France, dans la rue, les gens nous regardent de travers, on a la honte au visage. Nous sommes coincés, coincés, voilà ! »

Ce psaume de l'exilé, il m'atteint toujours ! Église de gestes plus que de paroles, c'est dans cette lignée que je vis en chrétien et fais connaître le Christ, si Dieu veut.

À Vitrolles, des ados paumés habitent à 20 kilomètres de la Côte, mais n'ont jamais vu la mer ! Malgré son expérience, Philippe s'en étonne encore. C'est fou ! Alors, il les emmène avec sa voiture.

Encore une fois, il a recours aux vieilles méthodes qui ont fait leurs preuves. Il organise un camp en Ardèche. On va au Pont du diable, et dans les gorges de l'Ardèche. Tout simplement magnifique !

Quinze ans plus tard, « les jeunes s'en souviennent encore ! » expliquent les religieuses.

Au quotidien, la tâche est considérable. D'un côté, il enchaîne les réunions, encourage les équipes et multiplie les démarches en plus hauts lieux, de l'autre côté, il œuvre sur le terrain. Dehors, des réfugiés kurdes, des hommes, des femmes et des enfants, attendent du secours. Certaines situations déchirent le cœur. Des sans-papiers sont désespérés parce que rien ne bouge. Ils entament une grève de la faim dans l'église de la Mède qu'ils squattent avec l'appui du prêtre de Châteauneuf-les-Martigues. Cette grève, c'est un cri !

Un cri de désespoir ! Voilà 5, 8, 10 ans que ces familles ont demandé le droit d'asile et rien ne vient. C'est une vie de rat, dans l'angoisse quotidienne, sans droit au travail, donc sans ressources, avec la faim au ventre pour les enfants. Quand on leur dit : « Vous savez, on peut mourir avec la grève de la faim ! », ils répondent : « On s'en fout, on est déjà morts ! ».

Un mois de grève, déjà ! Les petits enfants courent dans l'église. Les jeunes font leurs devoirs sur les bancs. Les adultes, hommes et femmes, faiblissent dans leur corps, mais pas dans leur tête : c'est un combat pour la vie ! J'ai tous leurs visages au cœur.

[...] Aujourd'hui, trois familles sur onze sont en voie de régularisation et ont le droit de travailler. Pour les autres, on complète les dossiers et faute de « chiche-kébab géant » qu'on espérait pour fêter la victoire, on se retrouve au bout d'une ruelle de la médina, dans la pauvre « maison du peuple kurde » à Martigues. Là, dans la fumée des cigarettes et du thé brûlant, il y a des tapes dans le dos qui sont lourdes d'une très grave amitié.

Dans ce contexte tendu, il est vital de multiplier les initiatives pour recueillir des fonds. L'évêque d'Aix-en-Provence souhaite organiser le Synode des pauvres. En réunion, Philippe s'étonne de ces mots. « Synode » est un terme d'église dont personne ne sait ce qu'il signifie. Parler des « pauvres » contribue à stigmatiser davantage les personnes à la marge. « Comment doit-on dire alors ? lui demande-t-on.

– Pourquoi ne pas parler de "Festival de la galère", puisqu'Aix-en-Provence est connue pour son festival d'art lyrique et que "galère" est le mot employé par les jeunes en difficulté ? »

Dans le parc de la cathédrale d'Aix, après un office religieux, musique, danses, repas ont pris place... Le Festival de la galère est un immense succès !

2005, arrivée à Saint-Fons / Feyzin

En 2005, la Mission de France annonce qu'elle cherche quelqu'un pour Saint-Fons et Feyzin. « Philippe, souhaites-tu rejoindre cette équipe ? »

Saint-Fons, ville du Rhône, limitrophe de Vénissieux, terre d'accueil de ses premières heures de prêtrise, terre de jeunesse, de labeur et d'amitiés nombreuses. Lyon et ses environs, c'est aussi là que vivent trois de ses sœurs, mariées et grand-mères… Alors, pourquoi ne pas s'éloigner de la mer, et remonter le fleuve, direction plein nord jusqu'aux berges des souvenirs heureux ? Philippe se résout à de nouveaux adieux en constatant que sa vie aura été une succession de hasards passionnants qui lui auront fait découvrir la France.

Quitter Vitrolles, c'est encore une fois remplir des cartons, fermer des caisses, dire au revoir aux voisins et aux copines religieuses.

Arnaud vient à la rescousse depuis Bordeaux avec son camion. Le départ est donné. L'équipage échoue à la maison paroissiale de Feyzin avant de trouver un appartement allée de l'Arsenal à Saint-Fons. Philippe ouvre son carnet d'adresses et décroche son téléphone. Les retrouvailles sont nombreuses. Mais les images du présent n'ont plus grand-chose à voir avec celles du passé, et le bonheur des premiers jours s'estompe.

En quarante ans, une lente métamorphose a opéré. Quelques amis sont encore là. Les ados des années soixante sont grands-pères, il est question du baptême de leurs petits-enfants. La roue tourne !

Philippe devient auxiliaire, en soutien de Jacques et Jean-Marc, les deux prêtres en fonction. Si Vénissieux n'est plus de la Mission de France, Saint-Fons l'est encore, et les plus jeunes évoluent dans le même esprit qu'autrefois.

Cette affectation ramène Philippe dans une vie paroissiale, avec ses offices. Après une carrière dans les chantiers et le foyer des marins, c'est presque un défi de dire la messe en français dans une église, de célébrer mariages et baptêmes. Un jour, un fidèle constate une maladresse de sa part.

Il se penche vers son voisin pour lui en faire la remarque, en chuchotant : « On voit bien qu'il ne connaît pas grand-chose, il ne sait pas faire…

— Bien sûr, il était avec les marins.

— Ah bon… et bien, il apprendra. »

Mais Philippe n'est pas complètement heureux dans ce travail de paroisse où le prêtre reste, pour certains, celui qui « fait la messe » à laquelle on assiste, ou pire encore, le « faire valoir » d'une belle cérémonie de mariage.

Alors il sort et marche. Il part comme il l'a toujours fait, à la rencontre de l'autre, de l'humain, parce qu'il se dit que « Notre vraie terre se construit au quotidien de la fraternité ».

Les Roms

En 2007, ses pas le portent vers un campement de Roms, installé depuis peu le long du boulevard de Ceinture. Après tout, puisque Philippe est prêtre à Saint-Fons, il l'est aussi pour ces paroissiens rejetés par tout le monde.

À 73 ans, je suis un vieux routier, prêtre de la Mission de France. Je réalise maintenant que le « fil rouge » de ma vie, c'est l'immigré, le voyageur. Ils furent mes compagnons dans le bâtiment et les travaux publics ou quand j'accueillais les marins au port de Marseille-Fos.

Je comprenais à peine ce qu'ils disaient. Je participais par un sourire et on riait de bon cœur, par sympathie. Tu parles d'un « ministère de la Parole » ! Et pourtant je crois que Dieu passait par là, que l'Évangile était annoncé aux pauvres, qu'une communion existait. Avec les Roms, c'est pareil.

Un sourire, une parole, le contact est fait. Philippe n'est pas de la police, il a même apporté des chocolats. En quelques phrases et beaucoup de gestes, il fait comprendre qu'il est prêtre. Dans leur langue, on dit « Rachaï », prononcé « rachaille ». Les enfants parlant un peu français le surnomment immédiatement « Rachaï chocolat ».

Les adultes lui apprennent ce qu'ils disent entre eux pour se saluer, surtout au moment de Pâques : « Christos a inviat ! (Christ est ressuscité !) ». Et on répond avec joie : « Adeverat a inviat ! (Il est vraiment ressuscité !) »

Puis ils restent ensemble une partie de la nuit autour d'un feu de bois de palettes, pour se tenir chaud au corps et au cœur, en fredonnant des chansons du pays.

Mais autour, c'est la misère ! Ils sont bien deux cents à survivre dans ce campement. Paul, Lauredana, sa femme, Anderson et Elita, leurs enfants, passent l'hiver sous des sacs-poubelle bien accrochés à des branchages.

À leurs côtés, les premières cabanes faites de palettes sont édifiées. On patauge dans la boue. Très peu d'activités occupent les hommes. L'un fait des paniers, un autre des nattes tissées, un troisième décortique des fils électriques pour en récupérer le cuivre.

Les femmes n'en finissent pas de parcourir le kilomètre qui les sépare de la première borne-incendie qui les approvisionne en eau.

Depuis la nuit des temps, ce sont les femmes qui vont chercher l'eau. Car l'eau, c'est la vie, et ce sont les femmes qui donnent la vie. Alors, elles vont à la source, au puits, à la rivière. Comme Rebecca ou la Samaritaine au puits de Jacob : « Donne-moi à boire », lui dit Jésus.

L'eau courante à la maison, alors là ! c'est de l'espérance pour les femmes Roms, mais peut-être que ça viendra. Comme dit le poète Aragon :

« Un jour viendra, couleur d'orange,
Un jour de palme,
Un jour de feuillages au front
Un jour d'épaule nue où les gens s'aimeront
Un jour comme un oiseau sur la plus haute branche. »

La vie des Roms est une vie de rejetés, pleine de vides, que seuls les enfants, leur seule richesse, viennent combler. Ce sont eux qu'il faut instruire pour changer les choses. Mais parce qu'ils sont trop nombreux, l'école du quartier ne peut pas les accueillir. C'est un scandale dans une République où il est fait obligation de scolariser les enfants, même en situation irrégulière.

Les associations s'en mêlent. Avec la Ligue des droits de l'Homme, on fait ouvrir deux classes dans un vieux bâtiment désaffecté pour lequel l'Éducation nationale nomme deux enseignantes.

Déjà, les critiques fusent : « Ces gosses devraient être mélangés aux autres... » Certes, mais en attendant, ils peuvent faire des progrès en français, c'est un bon début.

Tous les matins, Philippe arrive au camp vers 7 h 15. Devant ses pieds, des rats déguerpissent dans un remue-ménage morbide. Ils se nourrissent des détritus qui s'accumulent un peu partout. Le ramassage des ordures relèvera d'un autre combat qui sera bientôt gagné.

Philippe toque aux portes, réveille le camp d'une voix forte « E-c-o-o-o-o-l-e », pour que les enfants fassent un brin de toilette et déjeunent.

Ensuite, c'est le départ pour la classe. Pour rester propres, les mamans glissent les pieds des enfants dans des sacs plastiques.

Depuis leur cabane, les adultes regardent s'éloigner la joyeuse troupe qui entonne *Pirouette, cacahouète…* Lorsque les enfants aperçoivent Jean-Marc, le prêtre-facteur, avec son camion jaune, ils chantent plus fort à son adresse : « Le facteur y est monté, il s'est cassé le bout du nez… ».
Sortir du camp, c'est s'éduquer et peut-être, un jour, s'affranchir de la misère.
Les écoles de la ville finissent par intégrer ces nouveaux élèves. La cantine leur offre un repas, souvent le seul de la journée. Certaines écoles se sont équipées de douches et les ouvrent avant la classe aux élèves qui sentent mauvais, à cause des feux de bois.

Au campement, Rachaï apporte des boîtes de crayons. Les enfants dessinent une maison. Leur rêve : avoir un toit, vivre au chaud avec de l'eau et de la lumière. Philippe a trouvé dans la Bible « ce qui est nécessaire pour la vie : l'eau, le pain, le vêtement et un toit pour abriter son intimité. Mieux vaut une vie de pauvre dans un abri de planches que des mets fastueux dans une maison étrangère ». (Livre du Siracide, chap. 29)

À côté, Francesca, trois ans, joue avec un rat, pieds nus dans la gadoue. L'animal sort son museau au-dessous de la cabane. Sous la lumière laiteuse des réverbères du boulevard de Ceinture, la petite lui court après en éclatant de rire, tandis qu'on se réunit autour d'un feu de palettes allumé dans un bidon en fer percé de trous. Il s'en échappe des fumées dangereusement toxiques.

Les hommes expliquent comment ils vivaient chez eux là-bas, comment les Roumains les méprisent, comment ils ont fui en se plaçant à la campagne pour ramasser des légumes… Ce sont des mal-aimés qui se sont regroupés et se sont habitués à leur sort. Philippe constate : ils ont leurs papiers roumains, ils sont donc européens. Mais ce peuple a du mal à s'ouvrir à force d'exclusion, c'est un malheur pour lui. Aussi, il se fait un devoir d'être présent, simplement par amitié.

Dans ces moments, on partage un café, un peu de poudre mélangée à l'eau que l'on touille, ou bien l'on boit un bouchon de Vodka.

Avec eux, je prends un grand bol d'air frais près de leurs cabanes en branches. Je ne résous pas leurs problèmes, mais on reste ensemble la nuit autour d'un grand feu ; on regarde le ciel pour voir la météo, les étoiles, et aussi pour Dieu.

Alors, en se regardant, on fait un signe de croix, ce qui veut dire : « Tu m'as compris, on est des frères » et les enfants font à leur tour le signe de la croix, tout de travers, et l'on éclate de rire et de joie. Pour moi, si j'ose dire, ça vaut bien une messe.

Rom, ça veut dire « l'homme » dans le langage hindi, langage de l'Inde d'où ils sont venus vers l'an mil : c'est tout un programme pour nous, chrétiens. Être chrétien, c'est d'abord être humain.

Des immigrés, des réfugiés, il y en aura toujours. Ce sont eux qui me font dresser l'oreille à la Parole de Dieu.

Ils m'apprennent à « m'installer définitivement dans le provisoire », disait Paul Léotaud. Nous sommes tous des migrants.

C'est mon message et mon vœu pour tous.

Un jour, des associations organisent un grand rassemblement humanitaire, avec une célébration à la cathédrale Saint-Jean de Lyon. Quelques personnes du camp acceptent de s'y rendre. La cathédrale est pleine. La cérémonie est suivie d'un casse-croûte. On en profite.

Avec le froid, il faut toujours plus de vêtements, de couvertures. Grâce au Secours populaire, on récupère des surplus.

Au repas des anciens de la ville, Philippe file aux cuisines et prévient : « Surtout, ne jetez rien ». Le traiteur met de côté les restes, qu'il couvre d'un film plastique.

Chez Emmaüs, une caravane est à vendre. Philippe se présente comme prêtre et demande son prix. Le compagnon disparaît dans un bureau et revient bientôt : « Mon père, la caravane est pour vous, on vous l'offre ». Il le remercie chaleureusement et Jean-Luc, un ami, vient la chercher avec sa voiture.

Avec l'aide de la Ligue des droits de l'homme et de nombreux bénévoles, Philippe fait le lien entre les Roms et les associations comme Médecins du Monde pour la vaccination et les soins, et le formidable collectif C.L.A.S.S.E.S[2]. qui veille à la scolarisation des enfants. Les bénévoles connaissent toutes les familles.

À leurs côtés, Gilberte de la Ligue des Droits de l'Homme œuvre avec une énergie farouche. Jeans, basket, cheveux blancs, elle est connue de toutes les polices de Lyon et du Préfet, et soulèverait des montagnes pour donner un peu de dignité aux personnes qui n'ont rien. Un jour, en sortant d'un squat, elle est prise à partie par des hommes qui l'attendent dans la rue : « Vous êtes donc vétérinaire ?
– Ah non, pas du tout, répond-elle, étonnée.
– Alors pourquoi vous occupez-vous de ces bêtes, là ? »
Gilberte passe son chemin.

Gilberte n'est pas croyante, mais un jour, je reçois un mail : « Philippe, une pensée pour toi en ce jour de Pâques. Je t'embrasse. Gilberte. »

---

2 – Collectif Lyonnais pour l'Accès à la Scolarisation et le Soutien aux Enfants des Squats.

J'étais soufflé ! au sens de la Pentecôte. Va savoir où il souffle, l'Esprit de Pentecôte !

On ne sait pas vraiment. Gilberte, elle me souffle un air d'Évangile. Il y a du Albert Camus en elle.

Dieu me garde de dire que Gilberte est une chrétienne qui s'ignore. De quel droit cette récupération ? Comme si l'amour, la fraternité, l'accueil, le partage, la paix, la lutte pour la justice étaient des valeurs chrétiennes ! Ce sont d'abord des valeurs humaines au cœur de chacun.

Quand j'étais gamin, à la chapelle du collège, en disant le « Je crois en Dieu », on s'inclinait à ces mots : « Il s'est fait homme », et ça me plaisait de m'incliner sans trop comprendre pourquoi. Aujourd'hui, je comprends mieux et je m'incline bien sûr devant Lui, mais aussi devant ces croyants de tous bords, comme Gilberte.

« Pourquoi aidez-vous ces voleurs de poules ? » lâche-t-on un jour à Philippe. Il répond : « Parce qu'à Saint-Fons, vous avez des poules ? ».

Pourtant, d'autres mains généreuses sont là. Une dame musulmane, voilée, l'aborde : « Mon père, je sais que vous

vous occupez des pauvres, j'ai deux sacs de vêtements pour enfants, cela vous intéresse-t-il ? ».

J'aime à dire ce poème tsigane :
« Il y a des portes entre les mondes,
Des ponts et des passages secrets,
Parfois les ponts sont des humains, des fées, des âmes feuillues.
Parfois, j'entends la voix des saules. »

Dans ces conditions de vie, l'automne puis l'hiver sont particulièrement difficiles à affronter. Et à la question : « Ça va ? » La réponse est souvent la même : « Non, pas ça va ».

Que se passe-t-il encore ? « Ici, on ne voit rien, les gosses ne peuvent pas faire leurs devoirs en rentrant de l'école. » Les grands disent : « Dans votre église, il y a des bougies. C'est cela qu'il nous faut. »

Mais les bougies seraient un danger dans leur maison de bois et de bâches plastiques… Peu importe ! Ils ont besoin de la lumière.

Le lendemain du 8 décembre, jour où traditionnellement les Lyonnais fêtent Marie en posant des lumignons à leurs fenêtres, Philippe prend le chemin de la basilique de Fourvière où il rencontre le sacristain. Il explique la situation. Ne pourrait-il pas récupérer le restant des bougies ? On en appelle aux autorités ecclésiastiques. « Marie n'aurait pas été contente qu'on éclaire tout Fourvière en laissant dans l'ombre tous les pauvres ». La réponse ne tarde pas : « Bien entendu, nous sommes tout à fait d'accord, il faut que les pauvres soient éclairés ».

Dans la « ficelle » qui le redescend à Saint-Jean, Philippe est chargé de deux sacs très lourds. Lorsqu'il arrive au camp, c'est la joie ! « Rachaï bougie ! Rachaï bougie ! » Sur sa lancée, l'homme aux bougies s'adresse à toutes les cures des environs : Saint-Fons, Vénissieux… où parfois, il récupère de gros morceaux de cierge.

Malgré une vie extrêmement difficile, le camp ne cesse de s'agrandir. Ils sont bientôt plus de 400 à s'entasser dans des conditions d'hygiène et de sécurité toujours plus précaires. Pourtant, les maisons construites en palettes gagnent en confort. On y glisse du polystyrène pour mieux s'isoler du froid, mais quelques-uns instaurent un loyer qu'ils font payer aux nouveaux pour l'occupation des cabanes restées libres, une tendance qui démunit encore plus durement les nouveaux venus.

Bientôt, la tension avec le voisinage est palpable. Les plaintes se multiplient. Les associations ne peuvent pas tout. Le maire de Lyon veut mettre un terme à ce camp qui menace de gangréner la ville.

Cette décision plonge les Roms dans l'angoisse du lendemain. Les enfants devenus francophones servent d'interprètes avec les représentants de l'autorité.

Chaque matin, à l'aube, on surveille, fébriles, l'arrivée des forces de police. Les bénévoles associatifs sont là, Philippe est là. Tous sont garants de la bonne marche de cette opération imminente.

Le matin du grand jour, quelques chrétiens du diocèse se postent devant le camp. « Que faites-vous là ? » questionne Philippe. Ils attendent l'évacuation… « En dehors du camp, c'est totalement inefficace, il faut entrer ! » Rachaï Philippe leur ouvre la voie. Il y a tant d'années qu'il vient ici… Lorsque la police débarque, tout le monde s'active. Il faut sortir certaines caravanes de la gadoue, répartir les gens dans des maisons à Lyon… et faire le lien avec les habitants, beaucoup de catholiques, qui ont mis à disposition des salles ou un appartement.

Finalement, on s'accorde à dire que l'évacuation s'est déroulée dans de bonnes conditions.

Quelques semaines plus tard, un autre camp se crée à Saint-Priest. Un de plus… Face à ce nouvel afflux, la mairie fait creuser une tranchée de trois mètres de profondeur, pour empêcher l'accès…

Une vie de grand Amour

Les Roms sont partis, mais d'autres causes perdurent. Les jeunes de Vénissieux font du trafic. Mais que leur propose-t-on ? Philippe pense qu'ils valent mieux que cela.

Lorsqu'il était gamin, en Ardèche, il buvait l'eau de la rivière, il pêchait des écrevisses et attrapait les hannetons…

Aujourd'hui, quel enfant saurait imiter le bruit d'un vol de hanneton lâché (pas exprès, m'sieur !) dans le silence de la classe ?

On nous dit d'arrêter nos moteurs, nos robinets, nos télés… : il faut surtout s'arrêter soi-même, marquer un « temps d'arrêt » pour réfléchir et pour « résister ». Selon ce mot écrit par une gamine du caté à Feyzin les Torchères : « La vie sera plus belle quand nous serons un peu plus polis avec la nature ». Elle sait de quoi elle parle puisqu'elle habite en plein couloir de la chimie !

Philippe ne désespère pas de l'humanité. Dans ce parti-pris, il aime à se remémorer les mots d'Albert Camus dans *L'Été* :

« Garder intactes en soi une fraîcheur, une source de joie, aimer le jour qui échappe à l'injustice et retourner au combat avec cette lumière conquise au milieu de l'hiver [...] j'apprenais enfin qu'il y avait en moi un été invincible ».

L'Amour de l'autre, il l'a choisi à douze ans, lorsqu'il s'est senti appelé par la force du Christ. C'est Lui, son été invincible ! Cela a été un engagement, celui de lui être fidèle entièrement et donc de renoncer à fonder une famille.

Le célibat, il l'a choisi. Certes, cela a toujours été « un caillou dans la chaussure, une écharde dans la chair », selon les mots de saint Paul. D'ailleurs, ses collègues musulmans lui ont souvent répété : « Tu n'es pas marié, c'est péché ! ».

Si nous choisissons le célibat contre nature, il nous faut des raisons surnaturelles.

Au départ, l'ordination, c'est un amour fou pour Dieu, comme une passion, un don de tout son être. Pour moi, cet amour du

Christ m'a ouvert à l'amour des humains et surtout à ceux qui connaissent la pauvreté, car l'état de célibat nous rend pauvres, non comblés, en manque.

Beaucoup vivent ainsi comme célibataires forcés, à cause du travail en France ou comme les marins sur un bateau durant plusieurs mois.

Entrer dans leurs confidences, savoir que dans le jardin de Miloud en Algérie, les tomates ont crevé par manque d'eau, qu'un petit Mustapha est né aux sources de l'Euphrate en Turquie, connaître avec ces hommes la souffrance intime d'être sans femme et sans enfants, coincés comme des prisonniers, c'est la fraternité qu'ils me donnent chaque jour. Qu'un gosse entre par hasard dans un foyer Sonacotra, et tous les visages s'éclairent. La joie saute à la figure, chacun s'embellit d'un coup et prend son visage de père ; Dieu n'est pas loin !

Alors, ce n'est pas le célibat que j'ai choisi, c'est un grand Amour. Cela signifie qu'on garde tout son cœur pour aimer.

À Saint-Fons, Philippe croise d'autres célibataires, de vieux Chibanis, qui ne sont pas repartis. Ils viennent s'asseoir sur les bancs. Ils se saluent la main sur le cœur.

Philippe discute avec eux, il connaît leur pays.

En mai 2014, il fête ses cinquante ans de prêtrise, son jubilé. Ce jour-là, il est entouré des siens : de sa famille qui n'a cessé de grandir au point qu'il en a perdu le fil des descendances, de ses amis, et ses frères de sacerdoce. À Pontigny, sur les lieux qui l'ont construit, il explique :

Quand j'ai vu dans le courrier de la Mission de France que j'étais « jubilaire » en 2014, j'ai pris peur : qu'est-ce qu'il m'arrive encore ?

Je suis célibataire, septuagénaire, locataire, j'ai été dans ma vie pensionnaire, au séminaire, militaire, mais jubilaire ! Qu'est-ce que c'est que cette affaire ?

Alors, inquiet, j'ai consulté mon dictionnaire ! Et j'ai trouvé à jubilaire : personne qui fête un jubilé ; et à « jubiler » : manifester une grande joie souvent intérieure, à l'occasion d'un anniversaire.

Ce 26 mai 2014, Le Progrès titre « Saint-Fons, Philippe Plantevin fête son jubilé de sacerdoce, 50 ans au service des plus démunis ». Michèle Picard, maire communiste de Vénissieux lui écrit :

« Vous venez de fêter votre jubilé et je tenais à vous adresser toutes mes félicitations. Même si nos engagements respectifs ont pris des voies différentes, ils se rejoignent dans l'action pour défendre l'intérêt général et le vivre ensemble. Lutter contre l'exclusion qui frappe nos concitoyens est une mobilisation de chaque instant. »

Parce que vivre ensemble, c'est avoir du cœur, c'est entendre le cri de nos frères et sœurs humains par qui nous viennent les appels de Dieu, des migrants qui se noient en Méditerranée, des enfants de Syrie bombardée ou, plus près de nous, des personnes âgées, des chômeurs, des jeunes paumés…

Ces cris, nous les entendons tous, à notre manière. Et puisqu'il s'agit d'entendre, pour moi, à plus de quatre-vingts ans maintenant, j'ai bien l'intention de vivre comme je l'entends ! Oui, comme je l'entends, Lui, le Christ notre vie qui me dit comme lorsque j'avais douze ans « Viens, suis-moi ! ». Je l'entends encore et je lui prête l'oreille de mon cœur.

Et chaque jour, l'Eucharistie illustre cette loi de la vie qui fait que « l'être ne vit pas seulement par lui-même, mais par la communion avec ses semblables et avec l'univers[3] ».

À la table des « cousines », filles de cheminot chez qui il trouve refuge tous les midis pour ne pas rester seul dans ces moments de partage, Philippe répète les mots qu'il a eus pour l'assemblée venue l'écouter le jour de son anniversaire.

J'ai 80 ans aujourd'hui ! Je ne vais pas vous raconter ma vie, ce serait trop long, mais ce fut passionnant.
Alors, je continue à chanter comme le roi David : « Sur les chemins de la vie, sois ma lumière, Seigneur ! ».

---

3 – Selon P. Leroux, *Humanité*, t. 1, 1840, p. 201.

© 2019, Burgel, Franceline
Edition : Books on Demand,
12/14 rond-Point des Champs-Elysées, 75008 Paris
Impression : BoD - Books on Demand, Norderstedt, Allemagne
ISBN : 9782322189403
Dépôt légal : novembre 2019